Daniel Mordecki

Miro y entiendo

Daniel Mordecki

Miro y entiendo

Guía práctica de Usabilidad web

Editorial Académica Española

Imprint

Cover image: www.ingimage.com

Publisher:
Editorial Académica Española
is a trademark of
International Book Market Service Ltd., member of OmniScriptum Publishing Group
17 Meldrum Street, Beau Bassin 71504, Mauritius

Printed at: see last page
ISBN: 978-620-2-16460-3

Para Cecilia, Paola y Gabriel.

Agradecimientos

En primerísimo lugar quiero agradecer al equipo de trabajo de Concreta, que todos los días hace posible que trabajar en Usabilidad sea agradable y enriquecedor.

Gisela Perazzo y Andrés Puppo crearon y repasaron una a una las ilustraciones y cuadros, así como el diseño general del libro con una paciencia infinita. Ignacio Vignoli recorrió Montevideo a la búsqueda de la mejor flecha para la tapa. Mariana Valeiro corrigió la redacción, la ortografía y el estilo: creo que a esta altura puede recitar Miro y Entiendo de memoria. Sin ellos este libro no hubiera sido posible.

Dos personas leyeron este trabajo e hicieron comentarios y críticas valiosísimas: Olga Carreras desde el punto de vista de la Usabilidad y Paola Arnoni, desde la visión del diseño gráfico. Gracias a sus aportes este libro es mejor, sobre todo más completo y equilibrado.

Por último, y no por ello menos importante, un agradecimiento a Universidad ORT, sintetizado en Eduardo Hipogrosso. No solamente me permiten dar clases y disfrutar de la interacción con los alumnos, sino que apoyan todas las iniciativas, en particular la edición de este libro y la celebración del Día Mundial de la Usabilidad, el segundo jueves de noviembre, cada año.

Miro y entiendo

Guía práctica de Usabilidad

CAPÍTULO 1

"La Usabilidad es como el oxígeno:
nunca la notas... hasta que te falta"

Anónimo

Qué es la Usabilidad

Tal vez no haya mejor forma de explicar qué es la Usabilidad que la "Tetera para Masoquistas", del artista francés Jacques Carelman. Allí están presentes todas las funciones, cumple con todos los requisitos, pero es muy difícil sino imposible concebir su uso normal sin inconvenientes.

La Usabilidad es la disciplina que se encarga de construir ese intangible que hace precisamente que las distintas funciones puedan ser utilizadas por los usuarios "sin inconvenientes", con la menor dificultad posible.

Desde un punto de vista más formal, cuando un individuo se enfrenta a una herramienta informática, sea ésta una aplicación de escritorio o un sitio Web, tiene que lidiar con problemas que provienen de dos orígenes distintos: los que son propios de la tarea que está desempeñando y los que surgen del uso de la propia herramienta y son por tanto ajenos a la tarea. La situación ideal es aquella donde no existen dificultades y problemas que provienen de la herramienta, donde ésta es "invisible".

La **Usabilidad** es la disciplina que tiene como objetivo reducir al mínimo las dificultades de uso inherentes a una herramienta informática, analizando la forma en que los usuarios utilizan las aplicaciones y sitios Web con el objetivo de detectar los problemas que se les presentan y proponer alternativas para solucionarlos, de modo de que la interacción de dichos usuarios con las aplicaciones y sitios Web sea sencilla, agradable y productiva.

La mejor interfaz es la que no existe

A diferencia de otras disciplinas de diseño, el trabajo en Usabilidad es prácticamente invisible para el público en general. La Usabilidad no genera satisfacción hasta que no se la experimenta y en general se obtienen los mejores resultados a mediano y largo plazo, por lo que los profesionales de la Usabilidad deben armarse de grandes dosis de paciencia y ser obstinadamente persistentes en la tarea de hacer los sitios Web y las aplicaciones fáciles de usar. Esta condición deriva de algunos atributos característicos de la Usabilidad:

- **Todas las interfaces se pueden usar**: hasta la versión más complicada construida por el cerebro más retorcido puede ser utilizada. La Usabilidad es un atributo de calidad.
- **Los problemas de Usabilidad nunca son catastróficos**: a diferencia de otras áreas técnicas donde una falta grave como una falla en la base de datos o un corte de energía invalidan el uso del sistema completo, los problemas de Usabilidad, incluso los más graves, no generan interrupciones generales y abruptas. Por el contrario, generan un éxodo silencioso de usuarios insatisfechos, que descartan el uso del sitio sin demasiada estridencia.
- **No hay una solución puntual**: las soluciones a los problemas de Usabilidad siempre tienen fuertes componentes metodológicos y se producen por acumulación. En la mayoría de las situaciones no es posible encontrar dos o tres problemas cuya solución desate el nudo principal. Por el contrario, la tarea de detectar los problemas y proponer soluciones debe ser acompañada de un trabajo metódico de incorporación de la Usabilidad en los procesos habituales, como única forma de garantizar la facilidad de uso a largo plazo.

El objetivo de la Usabilidad es entonces, desde cierto punto de vista, hacer menos interfaz y no lo contrario. El destino final es construir aplicaciones donde el 100% de los esfuerzos del usuario estén destinados a la tarea y esto implica 0% de interfaz.

¿Qué nos queda a los profesionales de la Usabilidad si nuestra tarea es hacer desaparecer nuestro objeto de estudio?

Es muy fácil encontrar sitios donde el diseño de la interfaz intenta ser la vedette de la pantalla, interponiéndose fuertemente entre el usuario y sus objetivos. Focalizándose en lo accesorio y complicando la interacción, atrae para sí esfuerzos que deberían ser volcados en la propia tarea. Comprender la paradoja que trae consigo hacer mínimo el esfuerzo que implica la interfaz es "El Desafío" de quienes se deciden a trabajar en Usabilidad.

El objetivo de la Usabilidad es entonces, desde cierto punto de vista, hacer menos interfaz y no lo contrario. El destino final es construir aplicaciones donde el 100% de los esfuerzos del usuario estén destinados a la tarea y esto implica 0% de interfaz.

Beneficios

Los sitios Web fáciles de usar producen un conjunto de beneficios tanto en la etapa inicial de puesta en marcha del proyecto, como cuando el emprendimiento está en régimen de funcionamiento normal.

- **Usuarios más satisfechos**: la satisfacción de los usuarios es un resultado directo de las posibilidades que tengan éstos de conseguir sus objetivos con el mínimo esfuerzo posible.
- **Usuarios más fieles**: la facilidad de uso produce una utilización mayor de funcionalidades tanto en frecuencia como en amplitud. Provoca en los usuarios el deseo de volver a utilizar el sitio o aplicación y de seguir indagando en sus funcionalidades.
- **Menor costo de soporte**: una aplicación más fácil de usar genera menos problemas a los usuarios y por tanto se reducen las necesidades de soporte y ayuda.
- **Menor costo de mantenimiento**: los problemas de Usabilidad surgen inmediatamente a la luz a través de las llamadas a soporte y quejas de los

usuarios, lo que genera un ciclo permanente de modificaciones. Sin duda es mejor hacer las aplicaciones más usables al momento de construirlas.

Los beneficios de la Usabilidad son amplios y tienen impacto tanto desde el punto de vista de la imagen del sitio como desde el punto de vista económico. Sin embargo, es importante tener en cuenta que los beneficios llegan una vez que el proyecto está en el aire, por lo que la única garantía para generar sitios Web usables es tomar en cuenta deliberadamente la Usabilidad desde el primer día del proyecto.

Una observación relevante es que desarrollar software usable no es a priori ni más caro ni más barato que desarrollar software no-usable. La cantidad de sitios con abultado presupuesto, alto esfuerzo de diseño gráfico e interfaces de pésima Usabilidad así lo prueban.

> Desarrollar software usable no es a priori ni más caro ni más barato que desarrollar software no-usable. La cantidad de sitios con abultado presupuesto, alto esfuerzo de diseño gráfico e interfaces de pésima Usabilidad así lo prueban.

Si por el mismo costo se puede desarrollar un sitio mediocre o un gran sitio que mejore significativamente el retorno sobre la inversión, la elección parece obvia. ¿Por qué entonces hay tantas carencias de Usabilidad? Tal vez esta afirmación irónica de Bill Gates, fundador de Microsoft, pueda aportar una pista:

> "Los proveedores de software están intentando hacer sus aplicativos más 'amigables con el usuario'... Su mejor estrategia hasta ahora ha sido tomar los viejos folletos y agregarles un sello con las palabras 'amigable con el usuario' en la tapa."

Detrás de la ironía se esconden dos conceptos de gran relevancia. En primer lugar, si se quieren obtener los beneficios de las interfaces fáciles de usar, entonces es imprescindible incorporar la disciplina al comienzo del proceso y no luego de que está en marcha. Menos aún cuando todo está terminado. El segundo es que la Usabilidad es un intangible elusivo, que provee beneficios a mediano y largo plazo, por lo que frente a la disyuntiva de elegir entre dos aplicativos o sitios antes de conocerlos en profundidad, los usuarios (y muchas veces las propias organizaciones creadoras de los sitios) no cuentan con las herramientas para distinguir aquel que es fácil de usar del que no lo es.

La Usabilidad puesta en contexto

En la comunidad de profesionales que están involucrados en la construcción de sitios Web y aplicaciones hay una fuerte discusión sobre las prioridades y precedencias de las distintas disciplinas que practican. Tal vez esto tenga más que ver con sus preferencias o con la interna de los proyectos en los que participan que con la realidad de la teoría y metodología que involucra a cada una de ellas.

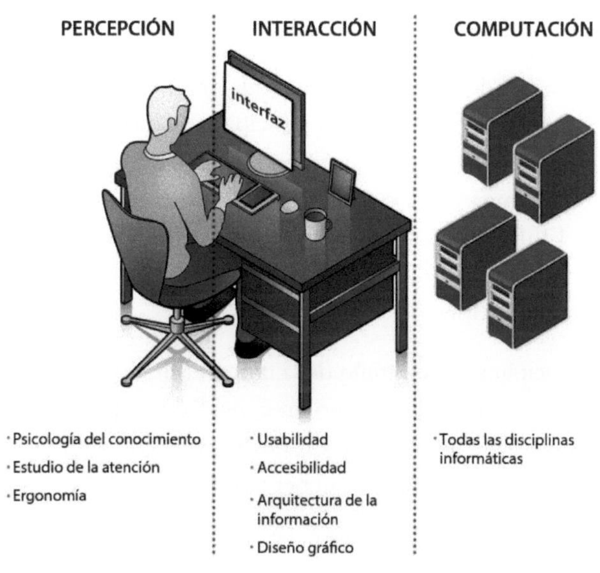

Lejos de tratar de saldar esta discusión, sino por el contrario intentando alejarnos de ella, nos propondremos describir el contexto en el que se desarrolla la Usabilidad, tomando como punto de partida la actividad de un usuario al utilizar un sistema informático.

Computación

En el corazón de todo sistema de información se encuentra una computadora o tal vez muchas (lo que para nuestro análisis es exactamente lo mismo). Junto a ellas encontramos habitualmente una constelación de equipos de comunicaciones. Llamaremos **Computación** al extenso ecosistema de disciplinas, técnicas y metodologías que dan soporte a la programación, implementación y mantenimiento de los programas.

Desde el punto de vista de la Usabilidad, lo más importante es que para los usuarios estas disciplinas incidan lo menos posible en su interacción con la computadora. Puede parecer una afirmación radical, pero es necesario ponerlo en esos términos: los técnicos e ingenieros en computación tienen una tarea inmensa, demandante y de alta complejidad en la programación del sitio Web o la aplicación. Esta tarea tiene como foco principal la computadora: la memoria, el procesador, el espacio en disco, las comunicaciones IP, la integridad referencial de los datos. Ninguna de ellas tiene foco, centro, en el humano que utiliza la computadora. El usuario es solamente un motivador, el disparador o acaso una excusa para la necesidad de crear el sistema, pero el centro del desarrollo del mismo es la computadora.

Tal vez la única disciplina del dominio de la computación que tenga el derecho de salir a la superficie, y participar como un convidado de piedra de la interfaz sea la seguridad. Hay que admitir que esto es francamente contraproducente: no hay forma de mejorar la seguridad sin perjudicar la facilidad de uso.

Percepción

La actividad más importante del usuario en su interacción con el sistema es la **percepción**. Esta es una visión que subraya que la interacción tiene su eje principal en la capacidad del usuario de recibir a través de sus sentidos los estímulos que el sistema genera, decodificar e interpretar estos estímulos y actuar en consecuencia, en contraposición a la idea muy difundida entre programadores y hobbystas de que lo más relevante es conocer en profundidad el dominio de la tarea.

Es razonable asumir que el perfil óptimo para diseñar una interfaz sea el del diseñador de la interacción que cumple a la vez dos condiciones: conoce en detalle su disciplina y conoce en profundidad el dominio de la tarea que el usuario realizará con el sistema. Pero si hay que elegir para ese trabajo entre un excelente diseñador de la interacción que sólo cuenta con su sentido común en el dominio de la tarea o, por el contrario, a un excelente profesional del dominio de la tarea que sólo cuenta con su sentido común en el dominio de la interfaz, la mejor opción es elegir al primero. Dicho en plata: para diseñar la interacción de un sistema contable es más relevante saber de diseño de la interacción que de contabilidad.

Es importante notar que la percepción no necesariamente forma una idea acertada de la realidad que se percibe. La interacción no ocurre en el marco de realidad perfecta y veraz, sino en el marco del modelo mental que el usuario se forma de la realidad a través de la percepción. El diseñador de la interacción debe ayudar al usuario a percibir la interfaz del sistema de tal manera que sea capaz de modelar en su cerebro la forma más útil de utilizarla.

La interacción no ocurre en el marco de realidad perfecta y veraz, sino en el marco del modelo mental que el usuario se forma de la realidad a través de la percepción.

Junto a la percepción, son relevantes la **memoria** y el **aprendizaje**. Crece su importancia en la medida en que el sistema informático tenga un uso más extenso y reiterado. En el caso de los sitios Web, la mayoría de los mismos tiene un uso muy esporádico en contraposición a Internet como sistema, que tiene un uso muy extenso y muy reiterado, lo que justifica desde el punto de vista cognitivo la necesidad de adaptar los sitios Web a los estándares y convenciones de uso extendido en el resto de los sitios.

Dentro del conjunto de problemas y aspectos que involucra la percepción, la **atención** tiene un rol particularmente destacado, ya que determina la capacidad del usuario de mantener un flujo interactivo continuo. Tanto la productividad como el interés y la satisfacción que puede producir el uso de un sistema dependen en gran medida de su capacidad para retener la atención del usuario.

El estudio de la percepción, la atención, la memoria y el aprendizaje pertenece al dominio de la **Psicología Cognitiva**.

Una vez que el usuario percibe los estímulos que el sistema genera, los decodifica y decide realizar una acción, debe ser capaz de llevar adelante esta acción en el mundo físico, interactuando con los distintos objetos con que la computadora cuenta para ese fin, habitualmente un teclado y un ratón, pero también pantallas táctiles, joysticks, micrófonos, sensores de huellas digitales o controles inalámbricos de juego, entre muchos otros.

La disciplina que estudia la relación física de los humanos con los objetos que utilizan es la **Ergonomía**.

Interacción

Entre el sistema y el individuo que lo utiliza ocurre la **Interacción**, es decir el proceso continuo en el que el usuario percibe las señales que emite el sistema, las decodifica y realiza acciones sobre el mismo, generando nuevas señales que comienzan otra vez el ciclo.

Tradicionalmente las metodologías y técnicas para el trabajo en esta interacción, se englobaban bajo el paraguas de la **Interacción Hombre-Computadora** (HCI – Human Computer Interaction) y una serie de sinónimos como Diseño Centrado en el Usuario o Diseño de la Experiencia del Usuario, si bien algunos autores marcan diferencias sutiles entre estas disciplinas, relaciones de jerarquía y pertenencia entre las mismas.

Sin aspirar a generar consenso, pienso que la disciplina más adecuada para ocupar este espacio es el **Diseño de la Interacción**, entendido como "el proceso de análisis y creación tanto de la interacción de los sistemas de computación con los seres humanos como de la experiencia de éstos al utilizarlos".[1] La interacción hombre-computadora deja de lado un detalle no menor y es que el usuario no interactúa con toda la máquina, sino solamente con su interfaz, es decir, con la parte perceptible de la computadora.

El usuario no interactúa con toda la máquina, sino solamente con su interfaz, es decir, con la parte perceptible de la computadora.

El Diseño de la Interacción se apoya en cuatro pilares fundamentales:

- **Usabilidad**: tal como expresamos más arriba, es el conjunto de actividades destinadas a reducir al mínimo las dificultades de uso inherentes a una herramienta informática, analizando la forma en que los usuarios utilizan las aplicaciones y sitios Web con el objetivo de detectar los problemas que se les presentan y proponer alternativas para solucionarlos.
- **Accesibilidad**: es el conjunto de tareas destinadas a brindar acceso universal a la aplicación, lo que implica permitir que todos los individuos

1 Pensar Primero, página 49 – Daniel Mordecki – Biblioteca Concreta, 2004.

puedan utilizarla independientemente de sus capacidades físicas, técnicas o cognitivas.

- **Arquitectura de la Información**: es el conjunto de tareas que implican la categorización y clasificación del universo de información que abarca el sistema para permitir la recuperación de la información a través de la navegación o la búsqueda.
- **Diseño gráfico**: conjunto de actividades destinadas a definir visualmente el marco comunicacional de la interfaz, así como a dar forma a los diferentes elementos que se desplegarán en la pantalla. Esta última constituye habitualmente el elemento principal en la comunicación desde el sistema hacia el usuario.

La Usabilidad es un problema de tendencias

Quienes trabajamos en Usabilidad lo vivimos una y otra vez. Un cliente o un amigo nos envía un email donde nos cuenta que desarrolló un sitio, nos manda un vínculo y nos pregunta: ¿qué te parece, es buena o mala la Usabilidad?

> **La Usabilidad no es buena o mala a secas.** La Usabilidad se refleja en la proporción de usuarios que alcanzan sus objetivos, y aunque hagamos lo imposible, siempre va a haber usuarios que fracasen y se frustren. El trabajo de la organización debe estar dirigido a que la Usabilidad tienda a mejorar.

La situación es embarazosa y la salida elegante muy complicada. El problema no está en decirle a alguien que la interfaz que construyó tiene problemas, eso es algo que nos toca hacer casi todos los días. El problema está en que en la pregunta hay implícito un error conceptual de fondo, cuya corrección requiere un cambio cultural en la organización dueña del sitio y que no resolveremos respondiendo un email.

La Usabilidad no es buena o mala a secas. La Usabilidad se refleja en la proporción de usuarios que alcanzan sus objetivos, y aunque hagamos lo imposible, siempre va a haber usuarios que fracasen y se frustren. El trabajo de la organización debe estar dirigido a que la Usabilidad tienda a mejorar.

Supongamos que comenzamos a trabajar en un sitio dirigido a toda la población de Uruguay, es decir aproximadamente tres millones y medio de personas. Nuestra evaluación primaria nos da que la mitad de los usuarios consigue hacer lo que necesita y la otra mitad habitualmente abandona el sitio sin conseguirlo.

Después de un arduo trabajo conseguimos mejorar y ahora esta proporción es de 85% de éxito y solamente 15% de fracaso. Sería sin duda un trabajo excelente y un avance significativo para el sitio. Sin embargo, todavía quedarían 525.000 personas que no logran cumplir sus objetivos.

En ese estado de las cosas ¿la Usabilidad debe ser calificada como buena o como mala? Como buena porque mejoramos, porque conseguimos que una mayoría significativa de usuarios alcancen sus objetivos. Como mala porque aún queda un número muy importante de usuarios que fracasan y abandonan antes de conseguir lo que buscan. Esta es la explicación al problema conceptual de fondo del que hablábamos más arriba: la Usabilidad es un atributo de calidad que se refleja como una tendencia estadística. Trabajar en Usabilidad implica un proceso permanente para detectar problemas e implementar soluciones, y luego volver a comenzar, construyendo ladrillo a ladrillo una sólida tendencia en la que el sitio se hace cada vez más fácil de usar.

La Usabilidad es un atributo de calidad que se refleja como una tendencia estadística. Trabajar en Usabilidad implica un proceso permanente para detectar problemas e implementar soluciones, y luego volver a comenzar, construyendo ladrillo a ladrillo una sólida tendencia en la que el sitio se hace cada vez más fácil de usar.

La Usabilidad es atómica

En general los problemas de Usabilidad son atómicos: son pequeños y se pueden resolver uno a uno, con independencia unos de los otros. Puede pasar que un problema se repita en todas las páginas y eso aumenta la gravedad, pero este hecho no lo hace menos atómico, en el sentido de que pueda corregirse dejando todo lo demás exactamente igual.

Cada problema que se resuelve mejora un poquitito, si me permiten la expresión para nada académica. Es muy difícil encontrar problemas de Usabilidad que de un solo envión mejoren la facilidad de uso de una forma drástica. Cada mejora minúscula hará que un pequeño puñado de usuarios pase la barrera y se incorpore al grupo de los que cumplieron sus objetivos. Una etiqueta mejor, un botón alineado correctamente, un título más grande, harán que en el torrente de usuarios, algunos de los que antes hubieran quedado por el camino, lleguen a la meta. La mejora de la facilidad de uso requiere paciencia, minuciosidad y persistencia.

Una etiqueta mejor, un botón alineado correctamente, un título más grande, harán que en el torrente de usuarios, algunos de los que antes hubieran quedado por el camino, lleguen a la meta. La mejora de la facilidad de uso requiere paciencia, minuciosidad y persistencia.

Esta característica tiene también que ver con el perfil estadístico de la valoración de la Usabilidad, porque el trabajo de mejora se evalúa a partir de la cantidad de problemas que se corrigen y la cantidad de problemas nuevos que aparecen. El sitio tiene una constelación de errores de Usabilidad, que se contrae con las correcciones y se expande con la incorporación de nuevos contenidos y formularios. La facilidad de uso mejora cuando aumenta la probabilidad de que un usuario tenga éxito, o lo que es lo mismo, cuando el porcentaje de usuarios que alcanza sus objetivos crece. Lo importante y sustantivo es conseguir mantener la tendencia.

Las tendencias no se niegan por el absurdo

Estamos mirando el informativo: una nota explica que la mortalidad infantil descendió drásticamente en los últimos 10 años, del 15 por mil al 10 por mil. La toma de estudios se interrumpe y la cámara muestra a una madre joven, que casi no puede hablar. El periodista, lejos de ponderar su intimidad, le pregunta una y otra vez sobre nimiedades dolorosas. Vuelven a estudios y luego a otro hospital, donde otra madre es invadida en su dolor.

La mecánica es tan perversa como falaz: si bajó la mortalidad infantil, ¿cómo hay madres llorando a sus hijos? Es que **las tendencias no se niegan por el absurdo**.

El absurdo es un método matemático en el que una afirmación del tipo "todos los X cumplen la premisa P" se niega con apenas encontrar un caso que no cumple, alcanza con encontrar un X que no cumple P. La clave del método está en la palabra **todos**. Una tendencia habla de la proporción de los casos favorables en el universo de los posibles, del incremento o decremento sostenido de los casos favorables en un período de tiempo. Encontrar uno, dos o miles de casos negativos no tiene ningún valor sobre la tendencia porque jamás mencionamos la palabra "todos".

A veces encontramos a alguien que sabe que trabajamos con un sitio y nos comenta que no encontró tal o cual cosa, o lo que es peor, el propio cliente nos dice que él (o en el súmmum de lo patético su esposa, hijo o empleada doméstica) intentó hacer algo y no pudo. De allí se deriva una discusión sobre cambios imperativos que lamentablemente no podemos detener. No es que no sea relevante, o que no haya que tomarlo en cuenta, pero no debería ser sustancial en la definición de las estrategias de mejora de la Usabilidad. No tiene materialidad, porque no dice nada sobre la tendencia. Apenas nos informa que ese usuario pertenece al terreno que tenemos que conquistar y aún nos es esquivo, pero muy lejos está de probar nada, porque como ya dijimos, las tendencias no se niegan por el absurdo.

La Usabilidad como actitud

Si los profesionales de la Usabilidad tuviéramos un Juramento Hipocrático al estilo del que realizan los médicos cuando se gradúan, éste debería decir:

> Me comprometo a hacer que los sitios de mis clientes tengan la interfaz más fácil de usar que sea posible, inclusive al costo de aceptar que mi trabajo sea imperceptible.

Un profesional de la Usabilidad ama la disciplina y espera como única recompensa que el sitio Web sea más fácil de usar: que más clientes compren, que más usuarios naveguen, que más visitantes completen el formulario. Todo eso y nada más que eso.

Cuando no es así, cuando luchamos por una recompensa adicional, el resultado invariable es que no construimos el sitio más fácil de usar posible.

Un profesional de la Usabilidad ama la disciplina y espera como única recompensa que el sitio Web sea más fácil de usar: que más clientes compren, que más usuarios naveguen, que más visitantes completen el formulario. Todo eso y nada más que eso.

Dos de los errores más frecuentes en los que caemos son la **crítica con saña** y generar trabas y dificultades al proyecto detrás de una **supuesta lucha por la pureza.**

Gran parte del trabajo de Usabilidad pasa por el análisis de interfaces que existen para detectar errores y proponer soluciones. Es nuestro mandato hacerlo con el objetivo de construir la interfaz más fácil de usar que sea posible.

Los reportes escritos desde un pedestal de sabiduría, que se burlan de los problemas que encuentran y los critican con saña, como si disfrutaran del error ajeno, contribuyen poco y nada a mejorar la interfaz. No deberíamos esperar que nuestra contraparte valore un informe de esta naturaleza, y menos aún que lo tome como punto de partida para la implementación de cambios.

Para escribir reportes que contribuyan realmente a mejorar la Usabilidad es necesario en primer lugar repasar una y otra vez el sitio hasta tener un conocimiento del mismo equivalente al de quien lo construyó. Luego, escribir de forma educada, mesurada, sin ocultar los problemas (inclusive los más duros), pero siempre teniendo en cuenta que quien construyó la interfaz que estamos analizando es un profesional capaz y bien intencionado y que si ésta tiene problemas (incluso algunos muy elementales), nuestro mandato es que se corrijan y para ello necesitamos la ayuda de nuestra contraparte.

La palabra clave para entender el otro error habitual es "posible". Una interfaz fácil de usar requiere no solo de profesionales trabajando en Usabilidad, sino de muchos otros elementos, que se resumen en la madurez de la organización hacia la Usabilidad. Hay organizaciones que no están maduras para tomar algunas decisiones que se requieren para que la interfaz sea usable y en ese contexto nuestro compromiso debe ser reducir el daño todo lo que podamos y construir la mejor interfaz posible. En esas organizaciones, la interfaz óptima aún no es viable.

Luchar por una supuesta pureza, despotricar contra injusticias, brutalidades o errores garrafales (inclusive si son ciertos), llevar adelante interminables discusiones con el cliente, sus técnicos y otros empleados, no contribuye a construir la mejor interfaz. Incluso si nos ponen "de patitas en la calle" podremos quejarnos y hasta hacer un juicio, pero al quedar afuera habremos incumplido nuestro mandato.

Nuestro trabajo no es demostrar que tenemos razón, ni siquiera cuando la tenemos. Nuestro trabajo es construir la mejor interfaz posible y si para eso necesitamos evitar una discusión, debemos hacerlo.

Por supuesto que hay un marco de ética y responsabilidad profesional, no se trata de mentirle al cliente ni de decirle a todo que sí, como a los locos. Se trata de ayudar a la organización que nos contrata en el proceso de maduración que requiere la construcción de interfaces usables.

CAPÍTULO 2

"Puedes utilizar una goma de borrar en la mesa de dibujo
o una piqueta de demolición en la obra"

Frank Lloyd Wright[2]

Elementos de la interfaz de usuario

Cuando en la mesa de un restaurante el mozo nos sirve un atractivo y exquisito plato, somos testigos de la culminación de un proceso que abarca una larga sucesión de actividades y decisiones, algunas de las cuales ocurrieron hace mucho tiempo. Así mismo, cuando un usuario se sienta frente a la pantalla de su computadora y navega con rapidez y satisfacción por un sitio Web, está interactuando con el resultado una larga sucesión de actividades y decisiones que llevaron al sitio a ser como es y no de otra forma.

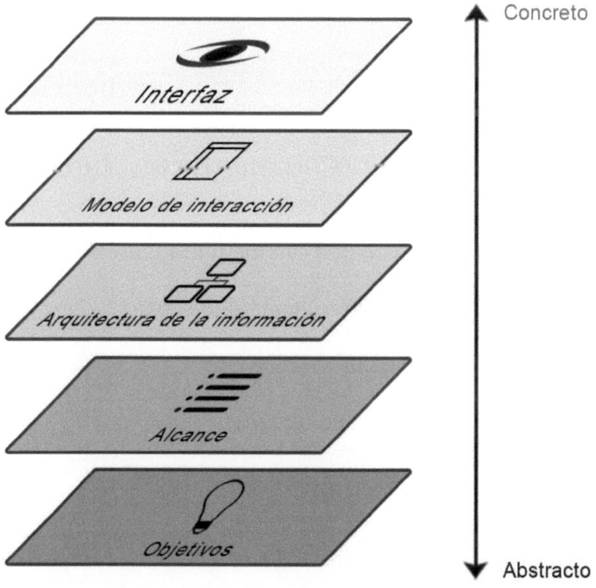

2 Frank Lloyd Wright es un arquitecto estadounidense que tuvo una fuerte influencia en las corrientes arquitectónicas del siglo XX. Entre sus obras más destacadas se encuentran la Casa de la Cascada y el edificio del Museo Guggenheim de Nueva York.

Para mejorar la Usabilidad de un sitio es imprescindible hacer explícita ante quienes lo construyen la lista que conformará la sucesión de tareas y decisiones, de modo de poder ponderar, priorizar y asignar los recursos adecuados a cada una de ellas. Para ello, tomaremos como base el modelo propuesto por Jesse James Garrett en el libro Los Elementos de la Experiencia de Usuario[3].

El modelo divide los elementos de la interfaz en 5 grandes grupos, que describiremos partiendo de los cimientos conceptuales y subiendo hacia las capas más concretas, donde se efectúa realmente la interacción en la práctica.

Objetivos

"- ¿Podría decirme, por favor, qué camino debo seguir?

- Eso depende de dónde quieres llegar- dijo el gato.

- No me importa- dijo Alicia.

- Entonces no importa el camino que sigas- dijo el gato."

Lewis Carroll
"Las Aventuras de Alicia en el País de las Maravillas"

La cantidad de tiempo, esfuerzo, dinero, y por sobre todas las cosas, los dolores de cabeza que se ahorrarían si tomáramos en cuenta este pequeño diálogo, son inconmensurables. De ahí la grandeza de Lewis Carroll.

3 The elements of User Experience – Jesse James Garret – Peachit Press, USA. Octubre de 2002.

El hecho de que la lógica sea evidente y las consecuencias sean implacables no hace cierto *per se* que los sitios conozcan sus objetivos de alto nivel y a partir de ellos puedan tomar las decisiones que les permitan construirlos.

Antes de comenzar el proceso de construcción de un sitio Web deben quedar bien definidas las respuestas a algunas preguntas simples pero básicas. Si el sitio está en el aire y aún no pasó por esta etapa, hágalo lo antes que pueda, si fuera posible ahora mismo.

- **¿Por qué necesitamos un sitio?** La respuesta puede ser tan trivial como "Porque todos tienen uno" o tan compleja como "Porque necesitamos bajar un 20% la espera en el call center". Es indispensable entender el rol que el sitio juega en la organización: comunicar, difundir, ahorrar costos, vender, tramitar. Todas son válidas, hay que definir con claridad cuáles son las que estamos persiguiendo.
- **¿Para quién es el sitio?** A todos nos gustaría que nuestro sitio fuera visitado por millones de personas todos los días, pero esa no es la más común de las situaciones. Es necesario definir claramente quién es nuestro público. Saber a quién le hablamos determinará qué clase de contenidos le ofreceremos y cómo deberá ser la interfaz. Por ejemplo, un caso común en el Estado son los sitios que tienen como público privilegiado a periodistas, políticos, profesionales y académicos, un público con características y necesidades distintas del público corriente. Si quien hace el sitio no comprende quién es su público, difícilmente consiga hacer un gran sitio.
- **¿Qué debe suceder para que estemos satisfechos?** Tener muchas visitas, que se efectúen muchas descargas, que se reciban muchas consultas, salir en la prensa. ¿Cómo me doy cuenta de que me fue bien? Si se cumplen todas las anteriores, sin duda nos encontramos ante un éxito. Si no se cumple ninguna, el fracaso está en puerta. Otra vez los extremos no son la situación habitual.

Tal vez el equipo de trabajo considere más relevantes otras preguntas. Tal vez para las que proponemos tengan matices. Lo importante es plantearlas y dar respuestas sencillas, claras y comprensibles para el equipo de trabajo y para toda la organización. Un ejemplo de objetivos:

> "Construiremos un sitio para comunicar los derechos y obligaciones de los ciudadanos con respecto a la nueva ley de Seguro de Paro. El sitio apunta a los trabajadores y a los empleadores. Aspiramos que el público encuentre las preguntas frecuentes más sencillas en el sitio y que eso se refleje en un número mínimo de llamados al Call center."

Los objetivos de los diarios en Internet

Desde el nacimiento mismo de la Web, a los periodistas, a los editores y a los lectores les resultó natural que los contenidos de los diarios que aparecían día a día en papel se publicaran en Internet. Desde ese mismo momento, los diarios comenzaron a debatirse en torno al dilema de los objetivos de su presencia en Internet.

Si pisan el acelerador canibalizan el papel, del que provienen los ingresos. Si sacan el pie del acelerador otros ocuparán el lugar y perderán protagonismo. Si cobran por acceder, se reducirá el público de una forma exasperante. Si no cobran, son los ingresos los que se reducirán de una forma angustiante.

> Los objetivos del sitio son absolutamente relevantes: imprescindibles. El camino natural y más efectivo es que sean el primer paso. Si no fue así, siempre será mejor definirlos antes, que después.

Resulta razonable que en los tiempos de los pioneros de la Web los diarios se volcaran a crear sus páginas sin pensarlo mucho, sobre todo en el marco del realismo mágico que rodeaba a la Web en aquel momento. Pero aún hoy día, casi cada publicación impresa que aparece, automáticamente hace nacer su sitio Web. Sólo unas semanas después empiezan las discusiones: ¿Hacer crecer el tráfico? ¿Arriesgarnos a perder lectores del papel? ¿Hasta dónde llega la publicidad en el sitio? ¿Es el mismo público, o es que los jóvenes no leen diarios?

Los objetivos del sitio son absolutamente relevantes: imprescindibles. El camino natural y más efectivo es que sean el primer paso. Si no fue así, siempre será mejor definirlos antes, que después.

Alcance

El alcance de un sitio Web está determinado por los objetivos que un visitante podrá cumplir en él. Tiene una relación directa con los objetivos, pero **mientras los objetivos reflejan el punto de vista de la organización, el alcance expresa el punto de vista de los usuarios** del sitio.

Los objetivos y el alcance son dos puntos de vista para el mismo problema

Por ejemplo, en un sitio que tenga como objetivo "Aumentar las ventas de celulares" el alcance podría estar definido como "Encontrar toda la información para poder comprar un celular". Se trata del mismo problema visto desde ópticas distintas: la primera es la de la organización, la segunda la del usuario.

Fijar el alcance produce un quiebre significativo en el proceso de definición de un sitio Web, porque implica traducir los objetivos de la organización en los objetivos de los visitantes, clientes, ciudadanos o como se prefiera denominar al público objetivo, permitiendo construir el sitio "de afuera hacia adentro".

Personajes - Objetivos - Escenarios

Una metodología de uso extendido y probada eficacia para definir el alcance es la que se denomina Personajes - Objetivos - Escenarios, introducida por Alan Cooper en el libro Presos de la Tecnología de 1999[4].

La experiencia muestra que las dos prácticas más comunes y extendidas en esta área, tanto el concepto ambiguo y abstracto de usuario, como la caracterización por rangos o públicos objetivos tomada a préstamo del marketing (sexo masculino, entre 20 y 60 años, ingresos medios, etc.) no contribuyen de forma efectiva a la definición del alcance en el escenario del diseño vinculado a productos tecnológicos, de los cuales la creación de un sitio o aplicación Web es un exponente.

Es por ello que esta metodología cobra una importancia relevante. Personajes - Objetivos - Escenarios ha demostrado ser una poderosa herramienta de diseño. Es de fácil aplicación y permite sustituir la idea genérica de "usuario" por una caracterización de quién utilizará el sitio, por qué lo utilizará y en qué situaciones lo hará.

En Concreta hemos aplicado esta metodología en numerosas oportunidades y nunca nos ha defraudado. Más destacable aún es que en muchas de esas instancias lo hemos hecho en talleres con el equipo de trabajo del cliente, con un resultado muy gratificante. Después de algunos intercambios iniciales, los participantes se involucran y mágicamente desaparece el omnipresente "¿Y si ponemos tal o cual cosa?" y surge una fuerte empatía con las necesidades y objetivos de los futuros visitantes.

4 Presos de la Tecnología. Por qué los productos tecnológicos nos vuelven locos y cómo recuperar la cordura – Alan Cooper - Addison Wesley Longman, USA. Marzo de 2001. (La primera edición en Inglés corresponde a 1999)

Personajes

El punto de partida de la metodología de Personajes - Objetivos - Escenarios es la identificación clara de quiénes visitarán nuestro sitio Web. Para ello la propuesta es definir las características del perfil de los futuros usuarios, casi una caricatura del universo de visitantes.

Un personaje debe permitir al equipo de trabajo entender qué buscan los visitantes del sitio, qué cosas requieren y cuáles no.

Algunas características de la definición de un buen personaje son las siguientes:

- **Debe tener un nombre o, mejor aún, un apodo**. Un nombre o apodo bien elegido puede decir todo sobre los visitantes del sitio. Sea cual sea el proyecto, el personaje "Doña Justina" nos hace pensar en un alcance totalmente distinto que "Dark Nerd".
- **Dar una descripción de sus características, gustos, capacidades y costumbres relevantes para el proyecto**. Describir al personaje refuerza la idea del nombre o apodo, lo "pinta" y permite que cada uno de nosotros se lo imagine. Mientras que Doña Justina hace los mandados con la chismosa[5], tiene en el aparador un portarretratos de cada uno de los nietos y juega al solitario de Windows porque no se anima a probar con otro juego, Dark Nerd jamás se levanta antes del mediodía, vive de crear blogs para publicar avisos de Google y vender cosas usadas en Mercado Libre. Su máquina tiene una cantidad inconmensurable de memoria, 2 monitores enormes y al menos 4 sistemas operativos instalados.

5 En Uruguay se le dice "chismosa" a las bolsas de red que se utilizan habitualmente para traer las compras del almacén. El apodo de chismosa proviene de que la red deja en evidencia su contenido. Su uso ha decaído fuertemente, siendo reemplazada por las bolsas plásticas que proveen los supermercados y autoservicios. Por eso son típicas de las señoras mayores, que conservan la costumbre de llevar una siempre en su cartera. Actualmente hay esfuerzos en favor de la ecología para volver a la chismosa en reemplazo de la bolsa plástica.

- **Deben ser inventados.** A pesar de que es posible inspirarse en una persona del mundo real (pensamos en Doña Justina porque es parecida a una tía y Dark Nerd se basa en un sobrino), los personajes tienen que ser ficticios, porque de otro modo se corre el riesgo de que pierdan su valor como herramienta de diseño y el sitio termine siendo una aplicación "a medida" para un individuo.
- **Para sentirse cómodo con los personajes, búsqueles una foto y cree fichas con sus nombres y características.** Los personajes son una herramienta de diseño simple y poderosa, que a un costo mínimo, serán una ayuda invaluable a lo largo de todo el proyecto. Hacerlos perdurables en una ficha con una imagen y una descripción permitirá darlos a conocer y traerlos al ruedo cuando sea necesario.

Doña Justina

Es una abuela activa. Pasa mucho tiempo con los nietos y también con "las chiquilinas", sus compañeras de toda la vida.

La computadora no es su amiga, pero las fotos de su nieta en Sídney hicieron que maneje el correo electrónico y la navegación por Internet de una forma primitiva pero "suficiente para mí" como le gusta decir. También juega mucho al solitario y al Tetris.

Objetivos

Navegar en Internet es una tarea, o una herramienta, casi nunca un objetivo. **Las personas actúan cuando tienen una razón imperativa** para hacerlo. Cuando exista un conjunto de causas que se constituyan en una razón poderosa, nuestro usuario actuará, utilizando las funciones que pusimos a su alcance en el sitio.

Si bien para alcanzar los objetivos hay que desarrollar tareas, no hay que confundir unos con otras. Los objetivos tienden a ser pocos, a permanecer estables en el tiempo. Las tareas tienden a ser muchas y a cambiar con una fuerte dependencia de la tecnología del momento. El objetivo es el fin, las tareas el medio.

Por ejemplo, mientras que comunicarnos es un objetivo ancestral, que permanece sin cambios desde el surgimiento mismo del Homo Sapiens Sapiens, las tareas que implica la comunicación han tomado formas variadas y cambiantes a lo largo de la historia, dependiendo de los medios y tecnologías disponibles en cada momento. Cuando Doña Justina se sienta a la computadora para ver una foto de su nieta, lejos de querer leer el mail o abrir un archivo, está movida por el poderoso y ancestral objetivo de la comunicación familiar.

Tener mucha funcionalidad, lo que se traduce en permitir desarrollar una gran cantidad de tareas, no necesariamente tiene relación directa con los objetivos de los usuarios. Si usted busca un destornillador determinado, cuantas más herramientas distintas tenga la caja, más difícil será la búsqueda. Si además las herramientas son sólo destornilladores, peor aún. **La funcionalidad crea herramientas. El diseño crea experiencias.**

Quien se focaliza en la tarea de barrer podrá inventar escobas más livianas, con cerda intercambiable y mango irrompible, pero jamás podrá inventar la aspiradora: eso está reservado a los que se focalizan en el objetivo de tener una casa limpia.

Los usuarios se sentirán más satisfechos cuando encuentren exactamente la cantidad necesaria (ni una más, ni una menos) de funciones que los ayuden a alcanzar sus objetivos. Tal vez esta sea una ocasión óptima para la máxima de Albert Einstein que dice **"Haz todo tan simple como sea posible, pero no más simple"**.

Focalizarse en el objetivo de sus personajes, entenderlo y concentrarse en él, le permitirá abordar con creatividad y libertad el análisis de las tareas y la funcionalidad que las implementa. Podrá libremente eliminarlas, crear nuevas o cambiarlas completamente.

En la Web el problema de encontrar el objetivo de nuestros visitantes es muy importante. No hay forma de llevar el sitio al usuario, es éste quien tiene que decidir venir a nuestro sitio y para ello tiene que tener un motivo, una razón imperiosa para actuar. Después de que llegó, tenemos que ayudarlo a cumplir su objetivo rápidamente, si fuera posible en el mismo instante en el que arriba. Eso es garantía de usuarios satisfechos, que vuelven una y otra vez.

Quien se focaliza en la tarea de barrer podrá inventar escobas más livianas, con cerda intercambiable y mango irrompible, pero jamás podrá inventar la aspiradora: eso está reservado a los que se focalizan en el objetivo de tener una casa limpia.

Doña Justina

Es una abuela activa. Pasa mucho tiempo con los nietos y también con "las chiquilinas", sus compañeras de toda la vida.

La computadora no es su amiga, pero las fotos de su nieta en Sídney hicieron que maneje el correo electrónico y la navegación por Internet de una forma primitiva pero "suficiente para mí" como le gusta decir. También juega mucho al solitario y al Tetris.

Objetivos: Justina se mudó y cambió el lugar de cobro descentralizado de su jubilación. Se acerca el día de cobro y Justina quiere saber si se mantienen la fecha y hora habituales o éstas han variado con el cambio.

Escenarios

Para entender cómo harán los usuarios para cumplir con sus objetivos utilizando nuestro sitio, es necesario un elemento más: intentar describir cómo es el entorno y la actitud con que lo utilizarán. No es lo mismo una persona apurada que una que tiene mucho tiempo. No es lo mismo alguien que se deleita con lo que hace, que alguien que lo sufre. Los escenarios son la herramienta para enfrentar este desafío.

Un escenario no es otra cosa que la descripción de la situación y el contexto en el que se desarrolla la interacción del usuario con el sitio. En la relación de un usuario con un sitio pueden en general detectarse varios escenarios, que reflejan una serie de contextos o situaciones en que los distintos públicos interactúan para conseguir sus objetivos.

Escenarios de uso diario

En todo sitio Web existen 2 o 3 escenarios que representan las interacciones básicas que realizará el usuario con frecuencia. Se trata de apenas 2 o 3. Inclusive **muchas veces uno solo es suficiente** y casi, casi nunca, son 10. Estos escenarios, que representan el núcleo de la interacción del usuario con la interfaz, son los que se denominan escenarios de **uso diario**.

Independientemente del tamaño del sitio Web y del universo de funciones que incluya, el 80% del tiempo del usuario se desarrollará en esos 2 o 3 escenarios. **Es en los escenarios de uso diario en los que los usuarios alcanzarán sus objetivos**. Es en la interacción con estos escenarios que los usuarios serán felices o infelices al usar nuestro sitio: la satisfacción no viene de forma homogénea de todas y cada una de las funciones. Un pequeño detalle errado en un escenario de uso diario terminará por irritar al usuario más tolerante, como la gota que horada la piedra.

Por ejemplo, en un sitio de correo electrónico "EL" escenario central y que ocupa casi todo el tiempo es el de "Revisar el correo", que incluye las herramientas para ver la bandeja de entrada, leer los correos recibidos, escribir las respuestas y redactar correos nuevos. Este escenario es tan dominante que el resto de las decenas de herramientas que ofrece un sitio de correo electrónico moderno, no alcanzan siquiera a un papel secundario.

La distribución homogénea del esfuerzo de diseño es un error tan frecuente como nocivo. Concéntrese en encontrar sus personajes, identificar sus objetivos y **dedique el 80% de los recursos de diseño a la interacción del escenario (o de los escenarios) de uso diario.** También allí está escondido el 80% del éxito.

La distribución homogénea del esfuerzo de diseño es un error tan frecuente como nocivo. Concéntrese en encontrar sus personajes, identificar sus objetivos y **dedique el 80% de los recursos de diseño a la interacción del escenario (o de los escenarios) de uso diario.** También allí está escondido el 80% del éxito.

Escenarios de uso esporádico o de única vez.

Tienen las mismas características que los de uso diario: son el lugar donde los usuarios cumplen sus objetivos. La diferencia radica en que los usuarios los utilizan con una frecuencia muy baja y eso tiene una consecuencia de vital importancia para la interfaz y la facilidad de uso: no hay curva de aprendizaje o ésta tiene una incidencia mínima.

Los escenarios de uso esporádico o de única vez son los reyes de la Web y son parte vital de la mayoría de los sitios, a los que los usuarios entrarán una sola vez a cumplir un objetivo puntual.

Mientras que en los escenarios de uso diario los usuarios aprenden con el uso y aplican lo que aprendieron de una visita a la siguiente, en el escenario de uso esporádico cada vez que el usuario se enfrenta al sitio, comienza de cero. Esto hace que cobren relevancia algunas premisas de diseño:

- **Directo y sin sutilezas**: la interfaz debe ser directa, con interacciones simples, sin ambigüedades, evitando cualquier elemento que implique aprendizaje o descubrimiento.
- **Estándar**: el usuario debe poder aplicar al máximo todo lo que conoce del dominio de la tarea y de su experiencia en otros sitios Web.
- **Una tarea por vez**: los usuarios acceden a cumplir un objetivo, en general muy simple y bien definido. La interfaz debe estar 100% orientada a este objetivo.
- **Sin personalización**: La ecuación de la personalización es trabajar hoy para ahorrar mañana. Es una ecuación que provoca sólo pérdidas para quien no va a retornar al sitio.

Mes	Visitantes Unicos Mensuales	Páginas vistas	Visitantes únicos diarios	Únicos diarios que retornan
Jun 2012	313	562	333	31
May 2012	459	836	507	66
Abr 2012	486	714	504	34
Mar 2012	615	1.592	669	70
Feb 2012	604	1.117	632	46
Ene 2012	561	988	598	55
Dic 2011	568	1.206	639	113
Nov 2011	1.170	2.743	1.297	164
Oct 2011	602	1.069	643	56
Set 2011	749	1.155	817	85
Ago 2011	589	935	641	70
Jul 2011	458	1.561	521	86
Jun 2011	577	1.056	620	57
May 2011	706	1.149	764	78
Abr 2011	680	1.230	745	99

Estadísticas típicas para un sitio Web

Al definir la estrategia de diseño, detectar y comprender que los usuarios darán un uso de única vez a nuestro sitio Web resulta determinante para maximizar el valor que obtendrán del sitio y con ello el retorno de la inversión. Desde el punto de vista de la organización que crea el sitio, la información publicada puede ser vista como vital y en general es manejada en el día a día de los participantes del equipo, por lo que no es difícil sobrevalorar la importancia que el sitio y sus contenidos tienen en realidad para los usuarios. Sin embargo, la situación más frecuente, según las estadísticas, es que los visitantes que retornan al sitio constituyen un entorno del 15% o menos del total de visitantes: la mayoría aplastante no solo son primerizos, sino que tampoco tienen intención o necesidad de regresar. Mucho más aún: tal vez la mitad de los visitantes aterricen en una página interna desde un buscador y se retiren sin acceder a ninguna otra página del sitio.

En este contexto, si queremos diseñar sitios útiles debemos tener en mente que los escenarios de más alto tráfico serán utilizados por los usuarios por única vez y que esto implica que cuando lleguen al sitio, no tendrán otro bagaje de conocimientos que el que les proporcionó su experiencia en los otros sitios de Internet que visitaron antes que el nuestro.

Escenarios de uso necesario

Los escenarios de uso necesario abarcan las interacciones imprescindibles para poder usar el sistema, que con raras excepciones son de uso poco frecuente o nulo. Si bien el diseño de esas interacciones debe ser cuidado, si usted enamoró al personaje de su sistema o sitio Web en los escenarios de uso diario, entenderá que es imprescindible desarrollar una determinada tarea una vez cada tanto y estará dispuesto a una interacción no tan agradable. Sumado a ello, el hecho de que sean poco frecuentes hará muy difícil que el usuario recuerde lo aprendido de una interacción a la siguiente. Como corolario, ya hemos gastado en los escenarios de uso diario el 80% del esfuerzo de diseño, por lo que nos queda sólo un 20%.

Lo más importante es que **no son los usuarios los que cumplen sus objetivos en los escenarios de uso necesario,** sino los programadores del sitio, que se ven limitados por la arquitectura, el modelo de desarrollo, la tecnología disponible o cualquier otro impedimento técnico que los obliga justificadamente a hacer trabajar a los usuarios para que el sistema funcione.

Mientras que el objetivo de los escenarios de uso diario debe ser fascinar al cliente, los de uso necesario deben tener como finalidad que éste realice su tarea sin frustrarse. Si puede, elimínelos sin piedad sustituyéndolos por valores por omisión y programación defensiva, que prevé que los usuarios no tienen interés en configurar determinados detalles. En todo caso, preocúpese de que no queden en medio del camino, separando a los usuarios del cumplimiento de sus objetivos.

Una **regla de oro** que no debería violar: **si el sitio tiene solo escenarios de uso esporádico, no debería tener escenarios de uso necesario.**

Doña Justina

Es una abuela activa. Pasa mucho tiempo con los nietos y también con "las chiquilinas", sus compañeras de toda la vida.

La computadora no es su amiga, pero las fotos de su nieta en Sídney hicieron que maneje el correo electrónico y la navegación por Internet de una forma primitiva pero "suficiente para mí" como le gusta decir. También juega mucho al solitario y al Tetris.

Objetivos: Justina se mudó y cambió el lugar de cobro descentralizado de su jubilación. Se acerca el día de cobro y Justina quiere saber si se mantienen la fecha y hora habituales o éstas han variado con el cambio.

Escenario (uso esporádico): Mientras lee el correo electrónico, Justina se anima a probar si puede averiguar la fecha de cobro en Internet, una posibilidad que la publicidad en televisión está anunciando desde hace unos días. Lo intenta muy despacio y con muchas dudas, casi con miedo.

Alcance, contenido y herramientas, el orden importa

Ya sea utilizando la metodología de Personajes - Objetivos - Escenarios, o de la forma que considere más conveniente, definir el alcance implica conocer los objetivos y expectativas de los usuarios que visitarán el sitio desde su propio punto de vista. Es a partir de este conocimiento que podremos determinar qué contenidos y herramientas deberán estar en el sitio. No al revés.

Dicho en otras palabras: si el alcance es la traducción de los objetivos de la organización al lenguaje del usuario, la traducción a la visión y forma de ver el problema del usuario, lo razonable es que el sitio se asiente fuertemente en el alcance. Es por ello que sólo una vez definido éste, estaremos en condiciones de listar qué cosas podrá hacer y leer el usuario en nuestro sitio.

Si estamos construyendo un sitio, si decidimos poner todo el esfuerzo que estamos poniendo, es porque pensamos que será apreciado por quienes lo visiten, raro sería que no pensáramos así. Si construimos el sitio adecuado, esta visión se hará realidad. Pero no es muy difícil sobredimensionar desde nuestro punto de vista el valor que los visitantes asignarán al sitio. Es aquí donde entra la ecuación alucinógena en la que agregando funciones y secciones el sitio se tornará mágicamente más valioso.

En las discusiones sobre el alcance de un sitio es muy frecuente la afirmación de que vale la pena incluir una función por si un usuario la desea y que quienes no quieran utilizarla la esquivarán sin más trámite. Ésta es una visión profundamente equivocada, que produce daños cuantiosos.

En las discusiones sobre el alcance de un sitio es muy frecuente la afirmación de que vale la pena incluir una función por si un usuario la desea y que quienes no quieran utilizarla la esquivarán sin más trámite. Ésta es una visión profundamente equivocada, que produce daños cuantiosos. Agregar una función innecesaria tiene múltiples efectos, todos negativos:

- **Reduce la visibilidad relativa de las otras funciones**: si está allí ocupará pixeles de la pantalla, campos de los formularios, textos de los contenidos y opciones de los menús.
- **Complica la interacción**: la complejidad de la interacción no crece de forma lineal sino de forma exponencial. Eso implica que aumenta más al pasar de ocho funciones a nueve de lo que aumentó cuando pasamos de dos a tres, dado que cada nueva funcionalidad no solo agrega su complejidad inherente, sino que agrega complejidad a las funciones que ya existen.
- **Reduce el foco**: los usuarios tienen un objetivo y su foco está puesto en él. A mayor cantidad de funciones es más difícil para el usuario focalizarse en la que busca. La situación óptima es que el sitio tenga sólo la función que el usuario precisa.
- **Aumenta el costo futuro**: independientemente de cuánto cueste agregar hoy la función, de forma inevitable aumentará el costo futuro. Cada funcionalidad deberá corregirse, actualizarse, mantenerse, testearse y migrarse durante muchos años.

El alcance, la perspectiva de los usuarios con respecto al sitio, es la cura contra esta verdadera enfermedad, cuyos efectos son devastadores.

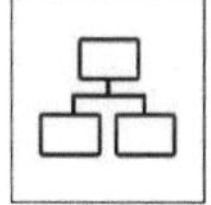

Arquitectura de la información

Con los objetivos del sitio en su lugar y con el alcance definido a partir de estos objetivos, estamos en condiciones de comenzar a trabajar en el contenido del sitio. La arquitectura de la información es la herramienta que nos permitirá definir y ordenar el contenido de modo de hacer más fácil para el usuario su uso y ubicación.

Podemos pensar en las siguientes tareas para la definición de la arquitectura de la información de un sitio:

Definición de Categorías

Se trata de un conjunto de conceptos de alto nivel que permiten dividir en grupos todos los documentos y contenidos, a partir de una concepción de la relación entre los grandes temas que abarca el sitio.

Una buena definición de categorías debe cumplir:

- **Las categorías son mutuamente excluyentes**.
- **Tienen una jerarquía equivalente**. Por ejemplo "televisores" pertenece a "electrodomésticos", por lo que incluir a ambos como categorías no parece una buena idea.
- **Abarcan todo el universo de contenido**.

Las categorías pueden dividirse en subcategorías y así sucesivamente formando una estructura de árbol o pirámide que recibe el nombre de taxonomía. "Televisores" es entonces una subcategoría de "electrodomésticos".

Una técnica muy útil para apoyar la definición de categorías es el **Card Sorting**, en la que se proponen a los usuarios los distintos temas y contenidos en tarjetas y se les pide que las agrupen de modo de encontrar patrones comunes. Más adelante se incluye una descripción detallada de esta técnica, en el capítulo sobre métodos de evaluación de Usabilidad.

Categorizar los documentos

Una vez definidas las categorías, el paso siguiente es indicar a cuál o cuáles de ellas pertenece cada documento.

Dependiendo de la definición de las categorías implícitas en la taxonomía, un documento puede ser ubicado en más de una categoría: ¿Cómo clasificar "El Capital": como un libro clásico, de economía o de política? En general, con universos de contenido amplios, resulta muy difícil construir una categorización exacta que ubique a cada documento en una sola categoría y cuando se consigue hacerlo, el valor de la categorización es mínimo, como por ejemplo con el orden alfabético de los títulos de las páginas.

Un documento puede ser categorizado de múltiples formas: al ubicarlo en la estructura del sitio, agregándole los nombres de las categorías como "palabras clave" o agregando un conjunto de datos invisibles (o no) que determinen a qué categoría pertenece. Esta última técnica es la que se conoce como **metadatos**.

Recuperación de la información – Navegación

La arquitectura de la información es la base que permite definir cómo se va a navegar el sitio. La transición de taxonomía a sistema de menús no es mecánica, pero hay una fuerte relación entre la organización de categorías y la organización de menús. Dentro de la navegación podemos distinguir:

La arquitectura de la información es la base que permite definir cómo se va a navegar el sitio. La transición de taxonomía a sistema de menús no es mecánica, pero hay una fuerte relación entre la organización de categorías y la organización de menús.

- **Navegación Global**: muestra la división más general de la información del sitio y se corresponde con los niveles de primer orden de la taxonomía. En general se plasma en un "menú principal" que está presente en todas o la mayoría de las páginas del sitio. En una tienda de electrodomésticos la navegación global podría incluir: "línea blanca", "audio", "TV", etc.

- **Navegación Local**: muestra la jerarquía de categorías de una "rama" del árbol que tiene como origen cualquiera de las categorías de la navegación global (sub-taxonomía). En la tienda, para la opción "TV" de la navegación global se podrían incluir "De Plasma", "LCD", "Tradicionales (CRT)", etc.

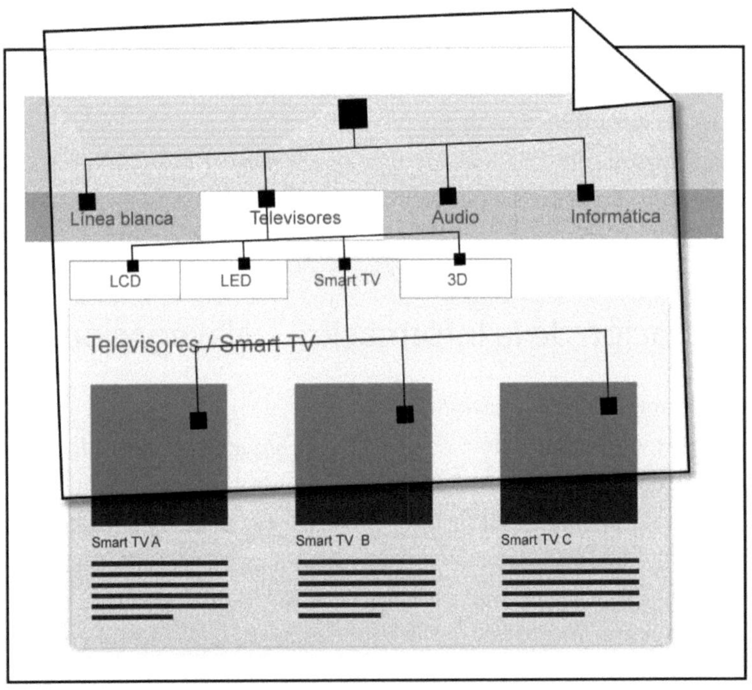

La arquitectura de la información es la base de la navegación

- **Navegación Contextual**: permite navegar desde el contenido que se está desplegando en la pantalla a contenidos relacionados. Incluye desde el scroll (acceder a la porción del contenido que no está en este instante en la pantalla) hasta las listas de temas relacionados, mapas temáticos, etc.

Recuperación de la información – Búsquedas

Otra forma de recuperar la información almacenada es a través de los sistemas de búsqueda. Se trata de un tema muy amplio que abarca desde soluciones casi triviales, hasta las fronteras del conocimiento informático actual. En general podemos tener como criterio válido que todo sitio Web debe proveer un mecanismo de búsqueda y que los mecanismos de bajo costo son comúnmente aceptables cuando la colección de documentos es pequeña.

Cuando la colección crece y el universo se hace más grande y por tanto más complejo (varias decenas de miles de documentos o más), empieza a ser razonable pensar en sistemas de búsqueda adaptados especialmente a la arquitectura definida, que permitan expandir o contraer las búsquedas a partir del contenido de la taxonomía. De esta forma, cuando se busca una clave, además de los resultados naturales se incluyen los que provienen de las coincidencias con los sinónimos de esa clave en la taxonomía (expandir una búsqueda) o cuando se busca "latitud París", se asume que la palabra "latitud" indica que se trata de resultados geográficos, por lo que se excluyen los contenidos que incluyen "Paris" en referencia al príncipe troyano cuyas peripecias se narran en la Ilíada y que en la taxonomía pertenecen a la rama "historia" (contraer una búsqueda).

Contar con una taxonomía permite además modificar de acuerdo a las necesidades el ranking de los resultados, para hacer por ejemplo que "pepe"[6] no sea apenas una clave de búsqueda más.

Lo que esperan los usuarios de un buscador

Si hay una herramienta de Internet que los usuarios están acostumbrados a utilizar, ésta es sin duda el buscador. Los test con usuarios muestran una y otra vez que los navegantes tienen un conjunto de ideas consolidado y estable sobre cómo debe comportarse un buscador:

- **Alcanza con uno o dos términos que describan lo que estoy buscando**: los usuarios no esperan un formulario con múltiples campos y opciones, lo que en la jerga se llama una "búsqueda avanzada" (a pesar que debería llamarse "búsqueda complicada") sino un campo para introducir una frase corta y un botón.

  Existe un grupo pequeño de usuarios intensivos de Internet e informáticos que tienen un dominio más sofisticado de los buscadores. Estos usuarios tienden a ingresar claves de búsqueda más largas, pero muy pocos de ellos son afines a la búsqueda avanzada.

- **La búsqueda se refina agregando uno o dos términos**: el método más utilizado para refinar una búsqueda, es decir para aumentar la precisión y eliminar resultados no deseados, es agregar uno o dos términos a la clave de búsqueda. Por ejemplo, agregar "uruguay" a la clave para buscar sitios uruguayos.

- **No tengo que preocuparme por OR, AND, NOT, comillas y esas cosas, ni siquiera sé que existen**. En la interna de un buscador es ab-

6 En 2010 asumió la presidencia de Uruguay José Mujica, conocido popularmente como Pepe. El seudónimo es de uso muy extendido incluyendo tanto a la población en general como al ámbito político, la prensa e inclusive mandatarios de otros países.

solutamente necesario tomar decisiones acerca de cómo se relacionan los términos de la clave de búsqueda cuando hay más de uno. ¿Puede faltar alguno? ¿El orden es relevante? ¿Deben estar juntos o pueden estar separados? La solución a este problema debe ser invisible al usuario, mágica.

El grupo de usuarios sofisticados del que hablamos más arriba es habitual que conozca y utilice herramientas de este tipo, si están integradas a la sintaxis de la búsqueda. Las más populares son los signos de + para marcar términos como obligatorios y las comillas para transformar una frase en un término. Los formularios de múltiples campos y las búsquedas avanzadas tampoco son una solución para este problema.

- **Mi búsqueda va a buscar en todo el sitio**: el universo de documentos de la búsqueda de un sitio es todo el sitio y nada más que el sitio. La definición de sitio es laxa e incluye todos los dominios y subdominios que en la cabeza del usuario integran el sitio. El usuario no espera una búsqueda en Internet ni en una parte del sitio, salvo que se haga explícito en el formulario de búsqueda, por ejemplo incluyendo dos botones: uno "buscar en todo el sitio" y otro "buscar en esta sección". No es recomendable utilizar para esta funcionalidad un radio button o un desplegable. En un botón, el texto que indica la acción que se ejecutará al clickearlo es mucho más evidente para el usuario.

- **Mi búsqueda va a funcionar rápido**: los usuarios esperan que los buscadores funcionen tan rápido como el de Google y éste es realmente muy rápido.

- **Los mejores resultados aparecen arriba**: no importa cuántas aclaraciones se incluyan, los mejores resultados son los de arriba de la pantalla, en particular, el primero es el mejor de todos. Por ejemplo, agrupar los resultados por categoría o sección del sitio, mostrando los diez mejores de una sección, los diez mejores de la segunda sección y así sucesivamente viola esta regla y no funciona: los usuarios no llegan siquiera a ver el segundo grupo y tal vez el resultado óptimo es el primero del cuarto grupo.

Las búsquedas avanzadas no son nada avanzadas

Hay una percepción general de que en un nivel básico o inferior está la búsqueda común compuesta de un campo para texto con un botón y en un nivel superior la búsqueda avanzada, que se compone de un formulario con múltiples campos que permiten limitar el alcance de la búsqueda en el universo de documentos. El análisis de tráfico y los test muestran una y otra vez que se trata de una percepción que no coincide con la realidad.

Para explicar la causa es necesario introducir el concepto de "intención de búsqueda" (search intent). La intención de búsqueda describe la expectativa del usuario con respecto a los resultados a partir de sus necesidades de información. Una de las visiones clásicas de este problema es la siguiente:

- **Sé exactamente qué quiero y en qué documento está**: Es el caso en que el usuario busca una información puntual, en general algo que ya conoce o vio en algún momento. Ejemplo: una cita de un libro, la cotización de la moneda o el resultado de un partido de futbol.

  En este tipo de búsquedas el usuario reconoce inmediatamente la información que busca cuando la ve en la pantalla.

- **Sé exactamente lo que quiero, pero no sé dónde está**: En este caso el usuario sabe cuál es la información que precisa, pero la información está en múltiples lugares y tal vez en múltiples versiones con pequeñas diferencias entre ellas. Ejemplo: una receta de cocina, el pronóstico del tiempo en un país al que se va a viajar, una noticia de último momento.

  En este tipo de búsquedas el usuario reconoce la información que necesita cuando la ve y elije una entre dos o tres opciones. Muchas veces conserva una pequeña incertidumbre acerca de su decisión.

- **Quiero explorar información acerca de lo que estoy buscando**: Es el caso en el que el usuario tiene un tema sobre el que necesita información en un sentido amplio. Sabe además que la información disponible puede exceder largamente su capacidad de procesarla. Ejemplo: información

> para redactar una tesis o para la compra de un producto tecnológico caro.
>
> En este tipo de búsquedas el usuario nunca sabe cuándo terminó de buscar ni si la información que descartó no era mejor que la que conservó. Tampoco sabe si seguir buscando le permitirá acceder a nueva información valiosa o si resultará en una pérdida de tiempo.

La búsqueda avanzada resultaría útil apenas para el primer tipo de búsquedas, aquellas en las que sé exactamente qué quiero y dónde está, ya que es en éstas en las que el usuario tiene mucha información sobre lo que busca y valdría la pena restringir el universo de búsquedas por algún atributo como rango de fechas, país o idioma.

Sin embargo, ni siquiera en estos casos el modelo de búsqueda avanzada es exitoso, ya que lo que los usuarios creen correcto muchas veces es erróneo y al cometer un pequeño error eligen un camino de búsqueda en el que no encontrarán el resultado. Un error de tipeo, una falta de ortografía, un año equivocado, borrarán de un plumazo los documentos buscados del conjunto de resultados, sin que ello sea notado por el usuario. El conjunto de resultados no indica "fecha errónea" sino "no hay resultados", por lo que el navegante tendría primero que darse cuenta de su error en la fecha y luego encontrar el dato correcto para recién allí poder realizar nuevamente la búsqueda.

No dilapide esfuerzos en formularios complejos de búsqueda. Concéntrelos en implementar un sistema de búsquedas que se comporte exactamente como los usuarios esperan.

En resumen, no dilapide esfuerzos en formularios complejos de búsqueda. Concéntrelos en implementar un sistema de búsquedas que se comporte exactamente como los usuarios esperan.

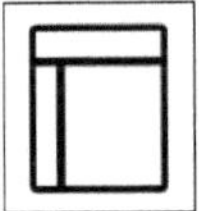

Modelo de Interacción

Nos vamos acercando a la interfaz de usuario propiamente dicha, a lo que el usuario verá finalmente en la pantalla. Sobre la arquitectura de la información definida, es necesario ahora concebir el modelo de interacción con el que el sitio interactuará con los usuarios.

Un modelo de interacción supone un conjunto pequeño de funcionalidades básicas o primitivas sobre las que se construyen las funcionalidades más complejas. Así, sobre la primitiva "vínculo" se construyen las funcionalidades hipertexto, menú y botón, o sobre la primitiva "mouse over" se construyen las funcionalidades tooltip (ayuda que aparece al detener el mouse sobre un elemento de la interfaz), menú desplegable y elemento colapsable.

La utilización adecuada de los modelos de interacción genera una interfaz más estable, uniforme y fácil de usar. Esto implica definir explícitamente un único modelo de interacción, es decir, el conjunto de primitivas que se van a utilizar para construir la interfaz y aplicarlas consistentemente a lo largo de todo el sitio o la aplicación. Por el contrario, no definir un modelo de interacción único tiene como consecuencia la utilización de múltiples conjuntos de primitivas y por tanto la generación de múltiples interfaces para operaciones similares.

Asentar la interfaz sobre un conjunto pequeño y sólido de primitivas de interacción es el hilo conductor que habilita a diseñar interfaces sutiles, sofisticadas y visualmente atractivas sin afectar la facilidad de uso.

Mientras que la interfaz se puede ver y la Usabilidad se puede disfrutar o sufrir, el modelo de interacción no solo es invisible sino que además resulta elusivo, esquivo. Es uno de los conceptos más difíciles de transmitir a los alumnos en las clases y a los clientes en el trabajo profesional.

El análisis detallado de las interfaces de usuario con problemas de Usabilidad ubica como una de las causas más importantes la carencia de un modelo de interacción. Esto es más notorio cuando la funcionalidad es extensa y a pesar de un enorme trabajo de diseño de la interfaz, la Usabilidad es pobre. Es que asentar la interfaz sobre un conjunto pequeño y sólido de primitivas de interacción es el hilo conductor que habilita a diseñar interfaces sutiles, sofisticadas y visualmente atractivas sin afectar la facilidad de uso.

El Modelo Mental

El libro de Donald A. Norman "El diseño de las cosas de todos los días", publicado en 1988, significó un punto de inflexión en la conceptualización de las interfaces no sólo de los programas de computadora, sino de todos los productos de tecnología en general.

Uno de los puntos claves fue la introducción de las nociones básicas para entender la relación entre el individuo que utiliza el equipamiento y la implementación de la solución, diferenciando claramente lo que el individuo conceptualiza en su cerebro a partir de lo que percibe, el Modelo Mental, de lo que el técnico implementó en realidad, el Modelo de Implementación. En medio de ellos, y haciendo posible el relacionamiento entre ambos, se encuentra el Modelo de Interacción.

> Entender que los usuarios construyen un **modelo mental** para utilizar los productos tecnológicos y fundamentalmente que este modelo es sustancialmente diferente de la implementación real, fue un aporte clave en la construcción de una teoría más sólida en la que basar la construcción de interfaces.

Entender que los usuarios construyen un **modelo mental** para utilizar los productos tecnológicos y fundamentalmente que este modelo es sustancialmente diferente de la implementación real, fue un aporte clave en la construcción de una teoría más sólida en la que basar la construcción de interfaces.

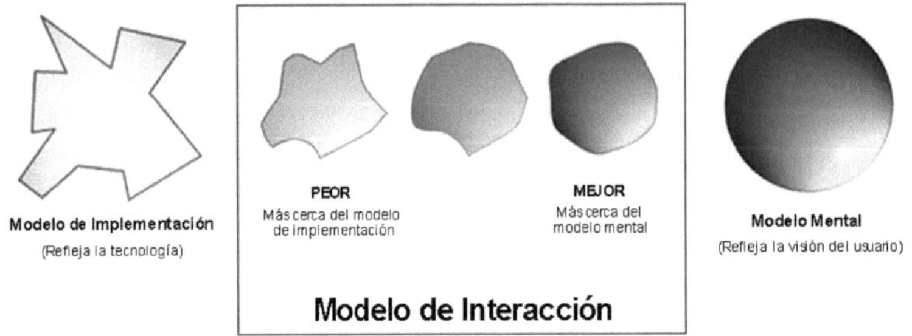

El Modelo mental y el Modelo de Interacción [7]

Podemos resumir los conceptos de la siguiente forma:

- **Modelo de Implementación**: Es el modelo que siguió el programador para construir el sitio Web y que tiene como prioridad que la funcionalidad se cumpla de una forma eficaz, segura y con un consumo mínimo de recursos informáticos.
  (*Design model* en la terminología de Donald A. Norman).
- **Modelo de Interacción**: Es el modelo que soporta la relación entre el usuario y el sitio, compuesto por los elementos visibles del sitio así como

7 El trabajo de Alan Cooper se basa en la idea expuesta por Donald A. Norman en el libro "The design of everyday things".

The design of everyday things, Página 16 - Donald A. Norman - Basic Books, Nueva York, USA. 1988.

About Face 2.0, Página 22 - Alan Cooper - Wiley Publishing Inc. Indianapolis, USA. 2003.

por las posibilidades de interacción que el sitio propone. Cumple el rol de enganche o bisagra entre el Modelo de Implementación y el Modelo Mental.
(*System Image* en la terminología de Donald A. Norman).

- **Modelo Mental:** Es la visión del problema que el usuario tiene en su cabeza cuando interactúa con el sitio, producto del conocimiento previo sobre el dominio de la tarea, de la interacción con otros sitios y de la experiencia acumulada en la interacción con el sitio.
(*User's Model* en la terminología de Donald A. Norman).

Algunos años después y a partir del trabajo de Norman, Alan Cooper expuso un esquema que ejemplifica con claridad el mandato de diseño: el **Modelo de Interacción debe parecerse lo más posible al modelo mental del usuario.** Esto tiene dos consecuencias fundamentales: la primera es que en el caso del software debe alejarse del modelo de implementación, que poco tiene que ver con la forma en que la gente común concibe la solución a los problemas y la segunda es que no son los técnicos informáticos quienes deben crear el Modelo de Interacción, sino que se trata de una disciplina distinta, que Cooper llamó **Diseño de la Interacción.**

Para que un sitio sea fácil de usar no solamente el Modelo de Interacción (la forma en que el sitio se presenta hacia el exterior) debe acercarse lo más posible al Modelo Mental con el que el usuario arriba a utilizarlo. El recíproco también es válido. Cada vez que la interacción se aparta del Modelo Mental y se acerca al Modelo de Implementación el sitio se torna más difícil, ya que el usuario se aparta de la consecución de sus objetivos al invertir su tiempo en la comprensión de las complejidades de la tecnología que da soporte al sitio.

Un ejemplo típico de este problema es la navegación calcada o copiada del sistema de archivos subyacente, donde el texto de cada vínculo es el nombre del archivo. Si bien la implementación es universal en los exploradores de los sistemas de archivos, es una interfaz muy pobre comparada con la potencia y posibilidades de la interfaz Web.

En definitiva, **cuanto más se acerca la interfaz del sitio al Modelo Mental del usuario, más fácil de usar resultará el sitio.**

Modelo de Interacción e Interfaz

Una confusión muy común es la de Modelo de Interacción e Interfaz. Tal vez sea más fácil entenderlo con un ejemplo: todos los blogs generados en blogspot.com tienen el mismo modelo de interacción, sin embargo tienen una interfaz distinta.

Mientras que el modelo de interacción define qué funcionalidad estará disponible y qué elementos o primitivas de interacción son las que la implementan, la interfaz por su parte define cómo se representan estos elementos en la pantalla, qué aspecto tienen y cómo se plasma la imagen de la organización en el sitio. Naturalmente que un único modelo de interacción produce en general interfaces más parecidas entre sí que aquellas que tienen modelos de interacción radicalmente distintos.

> Mientras que el modelo de interacción define qué funcionalidad estará disponible y qué elementos o primitivas de interacción son las que la implementan, la interfaz por su parte define cómo se representan estos elementos en la pantalla, qué aspecto tienen y cómo se plasma la imagen de la organización en el sitio.

No hay que ser demasiado sagaz para percatarse de que la relación entre el Modelo de Interacción y la interfaz es muy fuerte y que las virtudes y defectos de uno influirán fuertemente en el otro. Pero de ello no se deduce que no sea necesario y provechoso trabajar con ellos de forma independiente.

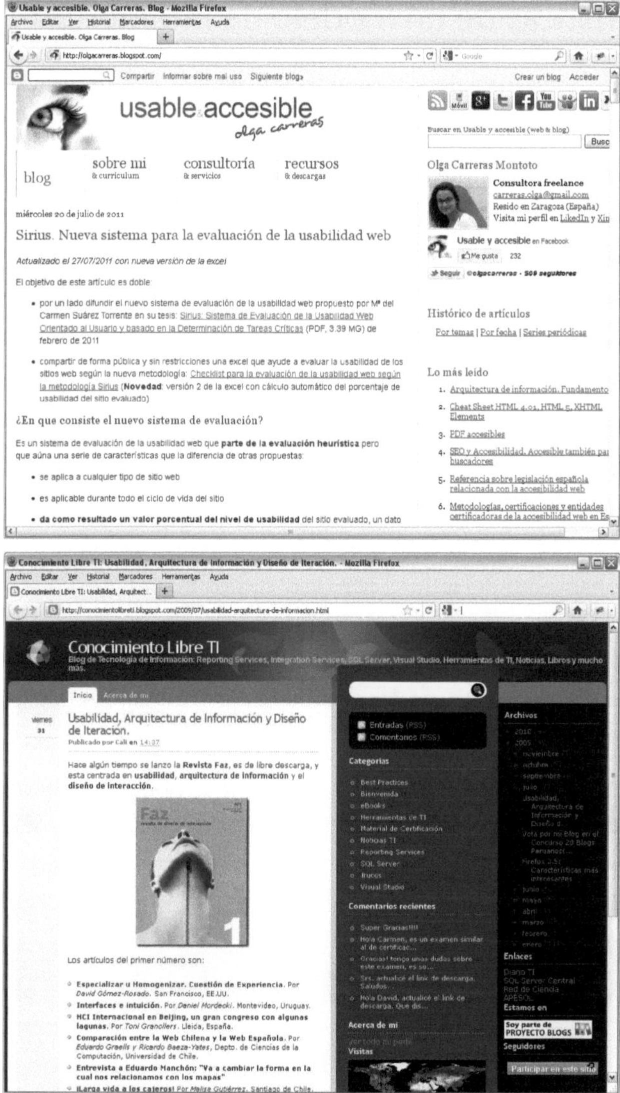

Dos ejemplos de blogs con el mismo modelo de interacción y una interfaz bien distinta

Características de un Modelo de Interacción

Sin ánimo de ser exhaustivos, proponemos algunas características relevantes para la definición de un Modelo de Interacción de calidad:

- **Cuantas menos primitivas, mejor**. No es sencillo encontrar primitivas potentes y flexibles, pero ese es el objetivo. Un buen Modelo de Interacción debe estar apoyado en un pequeño conjunto de primitivas que permitan cubrir un abanico muy grande de requerimientos funcionales.
- **Recordable como un refrán**: Según escribe Alan Cooper en el libro "About Face"[8], las buenas primitivas son como refranes: o se entienden sin explicaciones, o hay que explicarlas una única vez, ya que jamás se olvidan. Un modelo de interacción debe estar construido en base a este tipo de primitivas.

  Hoy es prácticamente imposible encontrar un usuario que no conozca el funcionamiento del mouse, pero este dispositivo no existió siempre y la documentación al respecto de las primeras experimentaciones muestra que no todos los usuarios entendían sin ayuda su funcionamiento. Todas son contundentes en señalar que ningún usuario requería de una segunda explicación.
- **Genérico y abarcativo**: el Modelo de Interacción debe funcionar sino en todos, en prácticamente todos los contextos que el sitio Web requiera. Las excepciones deben ser pocas (realmente excepcionales) y muy justificadas.

8 About Face: The essentials of User Interface Design - Alan Cooper - John Wiley & Sons, USA. Agosto de 1995.

Copiar/Cortar/Pegar

Un gran ejemplo de primitivas lo constituye el triunvirato Copiar/Cortar/Pegar, de una simplicidad y potencia asombrosas. Parece hasta contradictorio que un concepto tan elemental haya alcanzado un uso tan universal. Eso lo ha hecho sobrevivir sin cambio alguno durante más de 25 años y estar presente en prácticamente todas las interfaces de usuario.

Hay algunos detalles significativos al respecto de estas primitivas. En primer lugar, la implementación es increíblemente compleja: un usuario puede copiar un contenido que un programa maneja en un formato determinado y pegarlo en otro programa que almacena sus contenidos en otro formato, radicalmente distinto. La transformación es absolutamente invisible al usuario y le resulta totalmente razonable: ni siquiera se da cuenta que hubo una transformación y no es consciente de la maravilla tecnológica que significa copiar una tabla de un sitio desplegado con Firefox y pegarla sin más trámite en Excel.

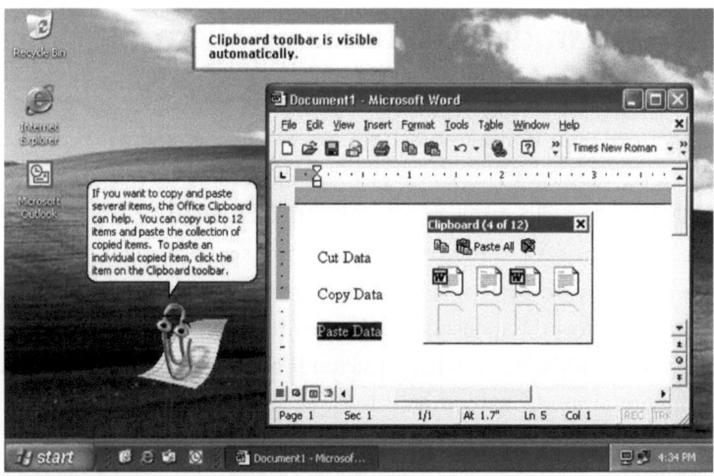

Clippy intenta convencernos de los beneficios del nuevo portapapeles.

Otra consideración interesante es que Microsoft intentó extender el modelo con la inefable Clipboard Toolbar (Barra de herramientas del portapapeles), un mecanismo que permitía tener una lista de 12 contenidos distintos para las primitivas copiar/cortar/pegar. Fracasaron con todo éxito, logrando que los usuarios detestaran el cuadradito lleno de íconos, ya que no entendían por qué no dejaba de aparecer constantemente al trabajar.

Microsoft no modificó sólo la Interfaz, sino el Modelo de Interacción subyacente introduciendo un nivel de dificultad que los usuarios consideraron excesivo. Es que las primitivas son eso: primitivas. Sencillas, directas, fáciles, inolvidables. Cuando están bien pensadas y su funcionamiento es fluido y trivial no es fácil incorporar mejoras y éstas no pueden en ningún caso aumentar la dificultad conceptual de su uso.

Después de insistir con ellos durante años, la Clipboard Toolbar y el propio Clippy terminaron sepultados en el sarcófago de las ideas molestas.

Un caso de estudio: la interfaz de Microsoft Office

Otro ejemplo válido es el de la evolución de Microsoft Office. Desde la introducción de Word para Windows en 1989 (previo a la primera versión oficial de MS Office para Windows, que es de 1992) el modelo de interacción ha permanecido prácticamente sin cambios a pesar de haber pasado por rediseños profundos de la aplicación y cambios radicales en el sistema operativo que lo soporta, que en este caso tiene una influencia mayor que en el de cualquier otra aplicación de escritorio. Esta estabilidad se mantuvo hasta la irrupción de Office 2007, en la que toda la suite de aplicaciones recibió un rediseño que cambió sustancialmente el modelo de interacción que subyace la interfaz, tal como se puede apreciar en las imágenes:

Word para Windows 1.0

Año 1989

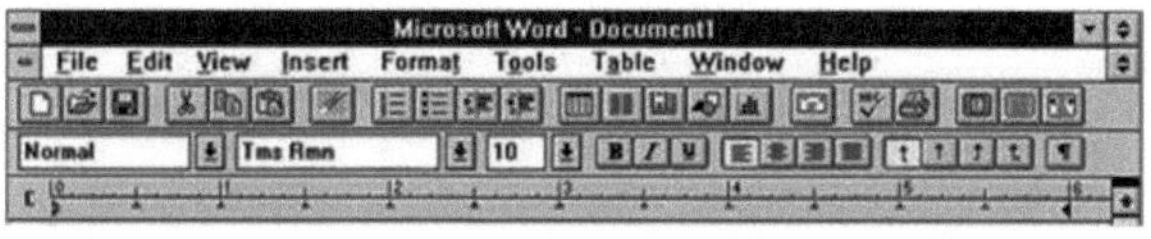

Word para Windows 2.0

Año 1992

Word 6.0

Año 1994

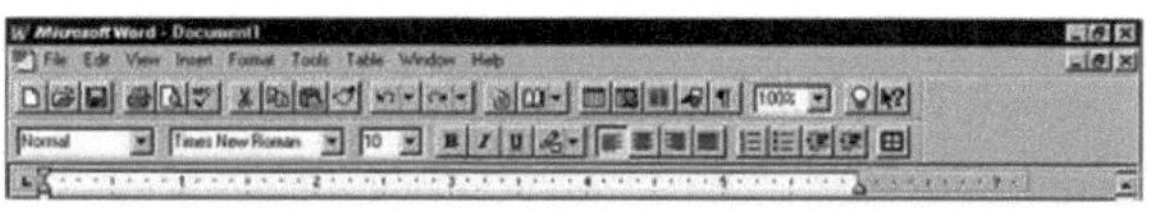

Word 95

Año 1995

Word 97

Año 1996

Word 2000

Año 1999

Word 2002

Año 2001

Word 2003

Año 2003

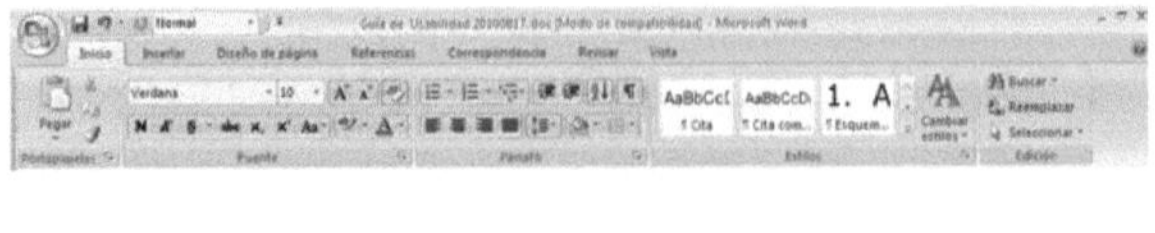

Word 2007
Año 2007

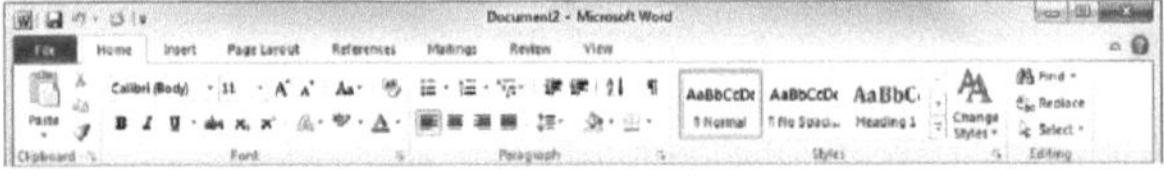

Word 2010
Año 2010

Durante casi 20 años, la interfaz de Word (que junto con Excel son sin duda las aplicaciones más utilizadas de este período[9]) se mantiene idéntica en sus primitivas básicas, a pesar de la evolución notoria en su aspecto.

Resulta muy interesante constatar que Microsoft consiguió mantener estable la interfaz a partir de un modelo de interacción sólido y bien definido, en un contexto de cambios tecnológicos permanentes y significativos durante esos 20 años. Alcanza con pensar que en 1989 Internet estaba reservada al uso académico y su interfaz era 100% texto. Era el año en que Sir Tim Barnes-Lee escribía el primer documento que definía cómo sería la World Wide Web.

Las distintas versiones de Office se fueron sucediendo en el tiempo sin gran estridencia, generando tal vez menos impacto que el deseado por su desarrollador. Es que más allá de la evolución de la interfaz complementada con la inclusión de miríadas de nuevas funcionalidades y características, la esencia seguía siendo la misma. Allí estaba incólume el modelo de interacción, resistiendo estoico el paso del tiempo y permitiendo a los usuarios reconocer, sin demasiado esfuerzo, lo viejo dentro de lo nuevo.

Muy distinta fue la reacción ante Office 2007. El reclamo inmediato fue algo así como "No encuentro nada, ¿por qué cambiaron todo?" En realidad, un análisis profundo y minucioso permite afirmar que tal vez haya más diferencia

9 Los navegadores, que compiten en popularidad, aparecen en 1992 con Mosaic y su uso masivo tiene como punto de partida a Netscape 1.0 recién en 1994.

entre Word 2000 y Word 2003 que entre las versiones de 2003 y 2007. Después del primer impacto comienzan a aparecer los viejos cuadros de diálogo, con las mismas lógicas de definición de parámetros y características, con lo que se percibe con claridad que Word sigue siendo Word. El punto clave está en que desapareció el ancla que permitía encontrar lo viejo dentro de lo nuevo y ese es el punto de partida para un proceso de re-aprendizaje de la interfaz. Cambió el modelo de interacción y eso se siente.

Una metáfora NO es un modelo de interacción

En alguna medida el modelo de interacción tiene relación con la idea de basar la interfaz en una metáfora. Este último concepto fue sustento del trabajo del equipo de diseño de Apple, particularmente en la época del lanzamiento de Mac y ha tenido una influencia y una repercusión significativa en el trabajo de los diseñadores de la interacción.

La idea es que un paralelismo bien elegido entre algún objeto del mundo real y el despliegue en la pantalla de una aplicación ayudará a utilizarlo sin dificultades. Se han escrito libros enteros al respecto y no es la intención enfocar ese punto concreto.

Lo que es relevante para nuestro análisis, es que mientras que la metáfora va perdiendo fuerza a lo largo de la evolución de la interfaz, presentando en muchos casos problemas serios de diseño cuando las posibilidades del mundo virtual superan todo lo imaginable en el mundo real, un modelo de interacción sólido y bien concebido se mantiene

Mientras que la metáfora va perdiendo fuerza a lo largo de la evolución de la interfaz, presentando en muchos casos problemas serios de diseño cuando las posibilidades del mundo virtual superan todo lo imaginable en el mundo real, un modelo de interacción sólido y bien concebido se mantiene estable por larguísimos períodos de tiempo generando el efecto contrario: hacer sentir familiares cosas que antes no existían.

estable por larguísimos períodos de tiempo generando el efecto contrario: hacer sentir familiares cosas que antes no existían.

Como ejemplo de metáfora que caduca podemos citar al escritorio del sistema operativo. Nació en base a la mesa de trabajo (con la papelera puesta arriba y no abajo, ya desde el comienzo peleando con la realidad). Podemos asumir 1984 como punto de partida, año en el que se lanza la primera Macintosh, o tal vez más atrás, en los trabajos de Xerox PARC. 20 años después de esa fecha, es decir en 2004, el paralelismo no solo había desaparecido, sino que ningún usuario al referirse al "escritorio de la computadora" piensa ya ni remotamente en una mesa de madera para apoyar los materiales de trabajo.

Sin embargo, el modelo de interacción puntero-icono-click que el escritorio informático introdujo como su columna vertebral, no solo sobrevive en todos los sistemas operativos y aplicaciones, sino que se ha extendido a una cantidad enorme de dispositivos como cámaras digitales, reproductores de sonido e imagen, consolas de juego, teléfonos, etc. Lejos de decaer o perderse en el

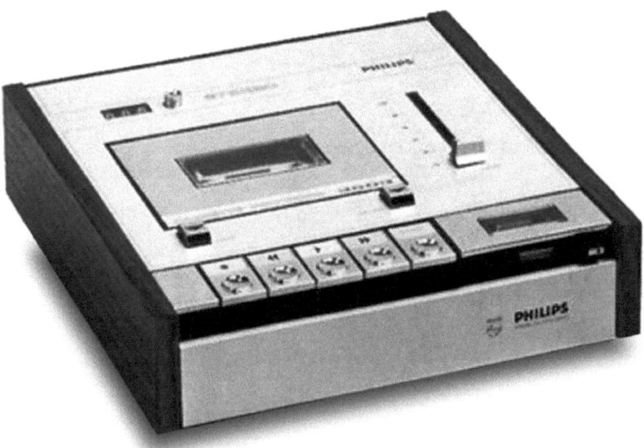

La vieja y querida casetera, exponente universal de Play/Stop

tiempo, parece que seguirá fortaleciéndose, en la medida en que nos permite entender cómo funciona la interfaz con solo mirar, en un dispositivo que nunca antes tuvimos en nuestras manos. Algo parecido a lo que ocurre con el triunvirato copiar/cortar/pegar.

La diferencia entre el modelo de interacción y la metáfora es aún más visible cuando lo que llega del mundo real no es un paralelismo metafórico, sino directamente el modelo de interacción. Ese es el caso de los comandos consolidados en la segunda mitad del siglo pasado como un estándar en los grabadores para el manejo de la cinta.

El modelo de interacción que podemos llamar Play/Stop es tan simple y sólido que pasó sin cambios a todo el abanico de dispositivos de reproducción de contenidos dependientes del tiempo (audio y video), tanto en el mundo real como en el virtual, en un espectro que abarca sin fisuras desde la video casetera hasta el reproductor de YouTube.

El modelo de interacción de un sitio Web

La definición de un modelo de interacción adecuado es tan importante para un sitio Web como para una aplicación de escritorio, con la inclusión de particularidades que surgen del hecho de que la navegación en el sitio está integrada con la navegación en muchos otros sitios y con el navegador que lo despliega.

Quien diseña una aplicación de escritorio debe preocuparse en lo sustancial de la interacción de su aplicación y en menor medida del contexto en que se ejecuta, en particular del sistema operativo que la soporta. Ya sea este último Windows, Linux o iOS, está definido con una precisión razonable su modelo de interacción y existe abundante documentación plasmada en la Guía de Estilos del sistema operativo, así como los trabajos del fabricante y de la comunidad.

Muy por el contrario, quien concibe la interfaz de un sitio Web tiene más incertidumbres que certezas sobre cómo será desplegado: no solo el sistema operativo puede variar radicalmente, también el navegador, los plugins instalados, la máquina virtual javascript, el tamaño, resolución, profundidad de color y calidad de la pantalla, así como un amplio espectro de factores que agregan importantes grados de indefinición.

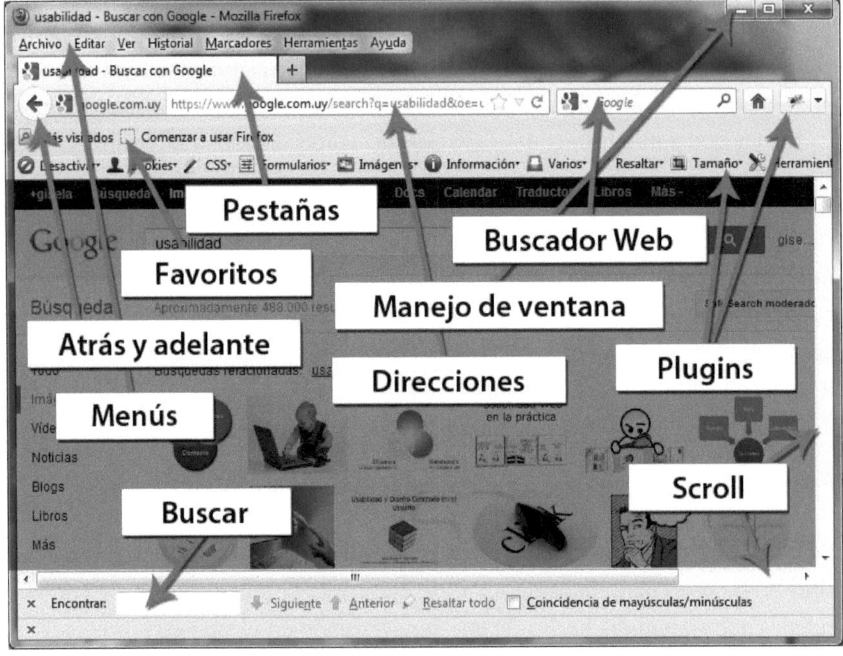

Los usuarios navegan en Internet con SU navegador.
El sitio que visitan es apenas una circunstancia ocasional

Tanto o más importante aún es el hecho de que las páginas se desplegarán en un orden imprevisible, mezcladas con páginas de otros sitios. Un escenario probable es aterrizar en una página interior desde un navegador, clickear dos o tres vínculos internos (alguno en una ventana o pestaña nueva), y luego clickear en un vínculo saliente, para regresar en una recorrida vía botón "Atrás" en busca de algo que ya vimos. El resto de los escenarios difiere en la secuencia pero no lo hace en lo imprevisible de la mezcla con otras páginas de otros sitios.

La conclusión más relevante es que desde la perspectiva del usuario el modelo de interacción es el de la navegación en la Web y no el de la navegación en un sitio, en mi sitio. Dicho de otra forma, el modelo de interacción se ve sensiblemente más sólido y coherente cuando se analiza desde lo que podríamos denominar "utilización de la aplicación de escritorio navegador" que cuando lo analizamos desde la visita a un sitio concreto. Es por ello que tenemos que concebir el modelo de interacción de nuestro sitio como un elemento que forma parte de la navegación toda y no al revés.

Intentar torcer el camino del usuario, ganarle la pulseada proponiendo un modelo de interacción totalmente nuevo para un sitio particular sin una justificación muy pero muy razonable es un error, porque no consigue posicionar al sitio de una forma adecuada y sin fricción en la navegación general, que es la que el usuario tiene en su mente y maneja con facilidad. Esta afirmación se debilita en función de dos variables: la frecuencia de uso y el largo de cada visita. Es el caso, por ejemplo, de los clientes de correo Web o de las Intranets corporativas. Se trata de sitios de uso diario, con alta frecuencia, que tienden a comportarse de una forma más cercana a la de una aplicación de escritorio que un sitio Web corporativo. Pero en el caso de los sitios Web en general, aquellos en los que el usuario arriba, visita 3 o 4 páginas y no retorna por mucho tiempo, concebir la

Intentar torcer el camino del usuario, ganarle la pulseada proponiendo un modelo de interacción totalmente nuevo para un sitio particular sin una justificación muy pero muy razonable es un error, porque no consigue posicionar al sitio de una forma adecuada y sin fricción en la navegación general, que es la que el usuario tiene en su mente y maneja con facilidad.

navegación en mi sitio como una parte muy pequeña de la navegación del usuario en Internet debe ser considerado un axioma invariable del diseño.

Cuando mi hijo tenía 5 o 6 años, un día llegó de la escuela y tuvimos el siguiente diálogo:

"Papá, me contaron una historia en la escuela que te quiero contar. En el cumpleaños de una niña le regalan una muñeca muy bonita. Ella se la muestra a la madre, y mientras la madre la está mirando, la niña ¡CRACK! le parte un brazo. Entonces la madre enojada le dice:

- ¡Cómo vas a romper así la muñeca!

A lo que la niña contesta:

- Es mí muñeca, no es tú muñeca, y yo hago lo que quiero con mi muñeca.

La madre acepta de mala gana, y sigue mirando la muñeca, cuando de pronto la niña ¡Crack! Le parte otro brazo a la muñeca. Y la madre más enojada aún le dice:

- ¡Cómo vas a romper así la muñeca!

A lo que la niña contesta:

- Es mí muñeca, no es tú muñeca, y yo hago lo que quiero con mi muñeca.

La mamá ya estaba furiosa, cuando la niña ¡CRACK! le parte otro brazo a la muñeca..."

Ahí es donde yo caigo en la trampa, porque lo interrumpo y le digo:

- No le puede romper otro brazo, porque las muñecas tienen solo dos brazos.

Y mi hijo, con una sonrisa triunfal de oreja a oreja, remata:

- Es mi chiste, no es tu chiste y yo hago lo que quiero con mi chiste.

De este relato podemos sacar dos cosas útiles. La primera es que si conoce a un niño de 5 o 6 años, enséñele el chiste: nunca falla. Se divierten durante semanas atormentando a tíos y abuelas que caen generosos en la trampa.

La segunda y que hace nuestro tema es la siguiente: los usuarios son dueños y señores de sus equipos. Los compraron, los pagaron, los configuraron, los usan todos los días a **su** manera, que es la mejor manera del mundo porque es de ellos. No intente torcerles la muñeca: es una batalla perdida de antemano. Si alguna vez tiene alguna duda, recuerde:

- **Es mí máquina, no es tú máquina** y yo hago lo que quiero con mi máquina.

Si queremos que los usuarios disfruten de nuestros sitios Web tenemos que entender qué lugar ocupan en su camino de navegación, sopesando con mesura y precisión qué rol juegan en el modelo de interacción desde la perspectiva del usuario, aplicando toda la creatividad con el cuidado necesario como para no entorpecer su ruta.

La definición de un modelo de interacción para todo el sitio Web genera una interfaz más estable, uniforme y fácil de usar y, cuando está bien definido, dura en el tiempo y permite resolver con poco esfuerzo un abanico muy importante de problemas.

El Modelo de Interacción es invisible a los ojos del usuario. No recibirá elogios o críticas que hagan referencia al modelo, salvo que provengan de expertos en el diseño de interfaces, pero no se preocupe por ello. La definición de un modelo de interacción para todo el sitio Web genera una interfaz más estable, uniforme y fácil de usar y, cuando está bien definido, dura en el tiempo y permite resolver con poco esfuerzo un abanico muy importante de problemas

Interfaz

La interfaz es, desde el punto de vista estrictamente técnico, el conjunto de puntos de contacto del usuario con el sitio a través de la computadora e incluye todo lo que el sitio emite o muestra (salida o "output") y todo lo que el sitio recibe (entrada o "input").

Dicho de otra forma, la interfaz es lo que se muestra en la pantalla, se emite por los parlantes, se imprime en la impresora, etc., sumado al conjunto de acciones que el usuario puede realizar utilizando el mouse y el teclado. Es la parte sensible (visible, tocable, audible) de la interacción.

A la interfaz pertenecen las imágenes, los tipos de letra, los colores y en general todos los elementos gráficos. También le pertenecen el puntero del ratón, el llenado de campos y cada una de las soluciones para la captura de datos.

El factor emocional en el diseño

Todas las disciplinas de diseño, (el diseño de sitios Web no es una excepción) plantean la discusión sobre la relación entre forma y función. Se trata de una disputa muy antigua cuyos argumentos desde uno y otro punto de vista exceden largamente el alcance de nuestro libro. Sin embargo, es importante señalar al respecto de este tema, algunas consideraciones relevantes desde el punto de vista de la Usabilidad.

La estética y los componentes emocionales que genera influyen en la Usabilidad

Hay evidencia científica contundente acerca de que el factor emocional influye en la facilidad de uso de un sitio Web, haciéndolo más fácil o más difícil según la percepción positiva o negativa que de él tenga el usuario. En particular, el libro El Diseño Emocional[10] del ingeniero y psicólogo Donald A. Norman cubre en detalle la problemática y el trabajo de investigación que fundamenta esta afirmación.

El problema radica en que la Usabilidad no es un elemento de calidad inherente únicamente al sitio Web, o en forma más general al software, sino que **es una cualidad atribuible a la interacción** del usuario con el sitio Web. En la interacción hay dos partes: por un lado la interfaz del sitio y por otro las acciones y la percepción del propio individuo que interactúa: en la Usabilidad el individuo forma parte de la ecuación.

Desde este punto de vista, la predisposición del usuario hacia el sitio influirá significativamente en la actitud con que éste encare la interacción, ya sea con un espíritu exploratorio y tolerante, con una actitud muy crítica y severa, o con las infinitas posibilidades y variantes que quedan en medio de éstos.

Por ejemplo, un portal de Rock Pesado que no tenga una imagen gráfica oscura y estridente provocará automáticamente prevención en los usuarios que lo visitan, generando una navegación más orientada a validar que se trata de un sitio "apócrifo" que a descartar los prejuicios que la imagen genera, lo que degradará sensiblemente la capacidad del usuario de conseguir sus objetivos.

La Usabilidad no es una línea estética

Hay una fuerte confusión que asocia Usabilidad y Minimalismo. En esta confusión los profesionales de la Usabilidad somos los principales responsables, no cabe duda. Tal vez el título de la regla heurística número 8 "Diseño minimalista

10 El diseño emocional. Por qué nos gustan o no los objetos cotidianos - Donald A. Norman - Ediciones Paidós Ibérica, España. Mayo de 2005.

y estética" en las 10 reglas heurísticas de Usabilidad introducidas por Jakob Nielsen[11] sean el punto de partida de esta desviación.

Fácil de usar no es sinónimo de poco y mucho menos de gusto a poco. El Minimalismo, (que tampoco es sinónimo de poco, vale aclararlo) no garantiza la Usabilidad, como tampoco lo hace ninguna otra corriente artística o estética. Se pueden tener sitios muy usables o terriblemente difíciles de usar con cualquier estética. Es más, es habitual que bajo la consigna de "hacer una lavada de cara" para mejorar un sitio, se realicen cambios estéticos radicales que no tienen impacto alguno sobre la facilidad de uso: los usuarios que no encontraban los documentos en un menú con botones rojos, siguen sin encontrarlos en el menú con botones azules.

> **La Usabilidad es un atributo de calidad de la interacción de un sitio Web con los usuarios que lo visitan. La estética se relaciona con la Usabilidad e influye en ella ya que las sensaciones que transmiten emociones positivas hacia el usuario provocarán una actitud exploratoria y de mayor tolerancia hacia los inconvenientes y las que transmiten emociones negativas provocarán todo lo contrario.**

La Usabilidad es un atributo de calidad de la interacción de un sitio Web con los usuarios que lo visitan. La estética se relaciona con la Usabilidad e influye en ella ya que, como dijimos más arriba, las sensaciones que transmiten emociones positivas hacia el usuario provocarán una actitud exploratoria y de mayor tolerancia hacia los inconvenientes y las que transmiten emociones negativas provocarán todo lo contrario. Sin embargo, no hay una línea o tendencia estética que garantice reacciones positivas, ni existe una que garantice una percepción negativa y por

11 Ten Usability Heuristics (Diez Heurísticas de Usabilidad) – Jakob Nielsen - http://www.useit.com/papers/heuristic/heuristic_list.html.

tanto la línea estética y el diseño gráfico de un sitio Web deben ser definidos caso a caso por profesionales.

No elegir: lindo y fácil de usar

La discusión entre forma y contenido tiene numerosos contendientes que priorizan uno sobre el otro, en distintas relaciones y niveles de equilibrio o desequilibrio. Desde las corrientes clásicas hasta los defensores a ultranza de la moda como un valor *per se*, hay numerosas escuelas y discursos.

Desde el punto de vista de la Usabilidad podemos afirmar, sin temor a equivocarnos, que uno no sustituye a otro en ningún caso: **un gran sitio debe ser estéticamente exquisito y terriblemente fácil de usar.** A la vez.

El hecho de que los aspectos estéticos sean visibles los hace centro de la discusión, pero ello no eleva su importancia relativa, inclusive a pesar de que la Usabilidad por su propia naturaleza contribuya en muchos casos a este tipo de enfoque con sus atributos de intangible, invisible y sus efectos de mediano plazo. El diseñador de la interacción del sitio debe tener una preocupación simultánea por ambos, en una relación en la que se potencien mutuamente.

La interfaz es para que se luzcan... los usuarios

Una desviación a evitar en el diseño de sitios Web y portales es el diseño orientado a la promoción del diseñador o el programador que la hizo. Si al entrar a un sitio nos recibe una interfaz que grita: "¡¡¡QUÉ ESPECTACULAR QUE SOY!!! ¡¡¡EL TIPO QUE ME HIZO ES UN GENIO!!! MIRÁ, MIRÁ, ¡¡¡PAHH!!! ¿¿¿A QUE VOS NO SABÉS HACER ESTE TRUCO DE ANIMACIÓN???", ese será sin duda un diseño orientado a alimentar el ego de su creador.

En nuestra experiencia en Concreta, hemos interactuado con cientos de diseñadores y programadores. De esta experiencia hemos extraído un patrón que se repite una y otra vez: cuando comienza la defensa de una supuesta pureza estética abstracta y los argumentos a favor de mantener elementos de interfaz problemáticos y que deberían desaparecer, el problema de fondo es que el diseño está hecho para promover al diseñador y no para satisfacer al usuario.

En estos casos el sitio se transforma en una obra de arte o en un objeto de exhibición totalmente desprendido de su valor en el cumplimiento del objetivo para el que fue concebido. Esto es posible muchas veces porque quienes juegan el rol de sponsors no son habitualmente quienes utilizarán el sitio en el día a día y la evaluación constituye apenas unos minutos en los que el diseñador muestra su trabajo él mismo, en su notebook y navegando en un ambiente totalmente controlado.

El diseño del sitio, desde el primero hasta el último elemento, tanto desde el punto de vista de la Usabilidad como desde el de la estética, debe estar totalmente consagrado a que los usuarios cumplan sus objetivos. El sitio es una herramienta y por tanto su éxito es siempre indirecto: quienes lo construyen habrán conseguido un logro digno de destacar si sus usuarios alcanzan sus objetivos al utilizarlo con un alto grado de satisfacción en la tarea.

La interfaz es compartida con el navegador

Tal como lo señalamos en el apartado anterior "Modelo de interacción", una particularidad relevante en la interfaz de un sitio Web es que el navegador que lo contiene y despliega forma parte integral de la interfaz del propio sitio. Desde el punto de vista del usuario no hay una barrera clara y definida entre el sitio y el navegador: es un todo continuo y así espera que se comporte sin necesidad de discernir si la barra de scroll pertenece a uno o al otro, o cuál de ellos emitió los mensajes de error.

Este concepto va aún más allá porque los usuarios no tienen una idea acabada de dónde empieza y dónde termina el sitio. Se trata de una consecuencia que deriva lógica y naturalmente de la forma en que se navega, cambiando permanentemente entre distintos sitios, del límite endeble y borroso entre lo que hace el navegador y lo que hace el propio sitio y del contenido de las propias páginas, en las que es omnipresente el collage de contenidos de numerosos sitios: una página de resultados de Google es, en definitiva, la suma de partes tomadas de 10 sitios distintos que tienen relación con la clave de búsqueda ingresada.

Los ejemplos de fronteras borrosas entre el navegador y el sitio son múltiples: los campos de búsqueda integrados al navegador, los feeds[12], las barras de navegador que completan automáticamente algunos campos y los sistemas para recordar contraseñas, por citar solo algunos.

Según distintos estudios, el navegador[13] se lleva aproximadamente el 35% de los clicks, con la barra de scroll y el botón "Atrás", como los máximos receptores de estos clicks. Esto se hace notorio en los sitios que incluyen una segunda barra de scroll en el interior de la página y mucho más aún cuando ésta no es una barra del propio navegador, sino una generada por programación del propio sitio, algo típico de los sitios hechos en Flash. La Usabilidad se reduce radicalmente con usuarios que no consiguen pasar el contenido (hacer scroll) y ni siquiera llegan a percibir por qué.

La interfaz tiene la pesada responsabilidad de ser la parte del sitio que el usuario percibe, por ello debe plasmar todas las definiciones tomadas en los niveles anteriores en las que se basó su concepción y debe además hacerlo en equilibrio con el navegador que la contiene.

12 Un feed (fuente Web) es un mecanismo que permite revisar las novedades y contenidos nuevos de un sitio sin necesidad de acceder al mismo: todos los navegadores Web modernos lo soportan de modo nativo. Son también utilizados para que un sitio publique (o más exactamente re-publique) contenido de otro sitio y que éste se actualice automáticamente. Los formatos utilizados para los feeds son RSS y Atom.

13 Ver al respecto Designing Web Usability - Jakob Nielsen - Peachpit Press, USA. Diciembre de 1999.

Iterar muy rápido

La presentación ordenada de los elementos de la interfaz puede hacernos pensar que metodológicamente su diseño implica la elaboración de un gran cronograma, yendo del punto 1 al 5 en una secuencia lineal.

Esto se refuerza porque el diseño de la interfaz forma parte del proceso de construcción de aplicaciones y sitios Web. Desde el punto de vista del presupuesto, de las horas invertidas y de la cantidad de profesionales involucrados, es una parte menor en el proyecto, en contraposición con el gran volumen que involucran las tareas informáticas. Es por ello natural que la metodología de gestión de proyectos imperante sea la informática, que deriva tanto de la ingeniería de requerimientos y del análisis informático, como del Gerenciamiento Profesional de Proyectos[14]. Sin embargo, el diseño de la interfaz tiene requerimientos y premisas muy distintas a las de los informáticos y por lo tanto la absorción de las metodologías ingenieriles de construcción de software e infraestructura informática resultan inadecuadas.

Podemos hacer notar algunas diferencias:

- Mientras que las tareas informáticas tienen un perfil fundamentalmente **constructivo**, el diseño de la interfaz es una tarea fundamentalmente **creativa**, ya que no construye la interfaz, sino que apenas la especifica.
- Mientras que en las tareas informáticas los equipos tienden a ser **grandes** o muy grandes, con múltiples proveedores y contratos, así como con profesionales que no se conocen unos a otros, el equipo que diseña la interfaz tiende a ser **pequeño** y a conformar un grupo que tiene experiencia de trabajo conjunto.

14 El PMI (Project Management Institute) ha hecho una contribución difícil de sobrevaluar en la sistematización de las metodologías de gestión de proyectos, así como en la capacitación y certificación de profesionales que se dedican a estas tareas. http://www.pmi.org.

- Mientras que las desviaciones en las tareas informáticas y en particular en el desarrollo de software son **muy costosas**, el retrabajo en el diseño de la interfaz **es barato**, los errores se corrigen sobre papel en la próxima iteración.

El Paraguas

Las disciplinas constructivas, con las ingenieriles en su núcleo más duro, tienen como eje metodológico el proceso de análisis/síntesis que implica la descomposición del problema en partes más pequeñas hasta que cada una de ellas tenga una solución conocida, y luego la definición del camino óptimo para sintetizar la solución a partir de la suma de las partes. Conceptualmente el objetivo es producir la solución en **un ciclo único**, eventualmente dividido en etapas.

> Más productivo es iterar muy pero muy rápido, cerrando un ciclo cada dos o tres días, que va avanzando en los detalles, con el aditivo de que cada ciclo debe producir un entregable valioso.

Por los argumentos esgrimidos, esta visión no se adapta bien al diseño de interfaces[15]. Sensiblemente más productivo es iterar muy pero muy rápido, cerrando un ciclo cada dos o tres días, que va avanzando en los detalles, con el aditivo de que cada ciclo debe producir un entregable valioso. Esta exigencia implica que si el cliente decidiera en un momento intermedio detener el proceso, nosotros tendríamos un diseño útil para entregarle. No sería el definitivo, porque para ello es necesario terminar el proceso, pero podríamos entregarle el mejor resultado posible para el tiempo que tuvimos, algo que es imposible en la visión de un ciclo único.

15 Justo es decir que hay una corriente en el desarrollo de aplicaciones que adopta una visión muy similar a la propuesta, denominada Agile Programming, que sentó sus bases metodológicas en el "Agile Manifesto": http://agilemanifesto.org

En Concreta, para ilustrar esta diferencia metodológica, utilizamos el siguiente esquema:

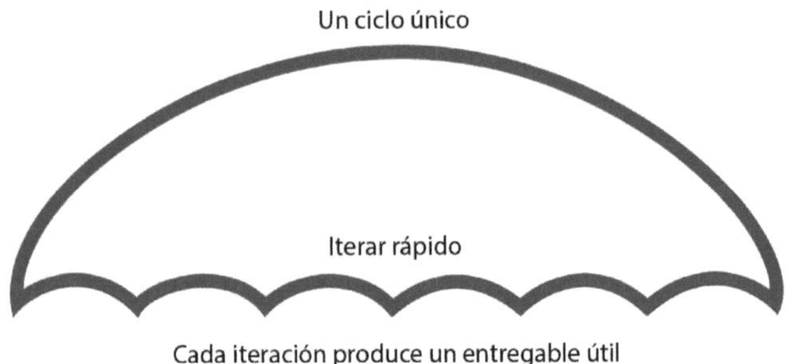

Por la forma del dibujo, una de nuestras consultoras lo bautizó como **el paraguas.** De tantas veces que lo he dibujado, cada vez que tomo la hoja y comienzo a hablar de los ciclos y la iteración rápida, todos comienzan a reírse.

Puede parecer que hay una contradicción entre la necesidad de definir algunos elementos de la interfaz al principio, como los objetivos o el alcance, y la propuesta de iterar rápidamente; pienso que no la hay. Lo que intento marcar es que la concepción de perfil constructivo ordena las tareas encastrándolas de tal forma que recién al final emerge el objeto a construir totalmente listo. Es la concepción en la que el auto que se está construyendo es inútil hasta que no se agrega la última tuerca a la última rueda. Y esa es precisamente la concepción que debemos evitar en el diseño de la interfaz.

Diseños de "baja fidelidad": Wireframes

Para poder llevar adelante una metodología de diseño en base a iteraciones rápidas se requiere un soporte que permita crear versiones del diseño, analizarlas y volver a modificarlas en un ciclo liviano y rápido, de aproximaciones sucesivas. La herramienta metodológica para conseguir este objetivo es la creación de diseños de baja fidelidad, entre los que los Wireframes tienen un lugar de privilegio.

Se entiende por diseño de baja fidelidad una representación del diseño final que muestra **solamente los elementos relevantes** para el análisis, cualquiera sea el soporte. Cuando se trata de un boceto, el diseño de baja fidelidad se denomina Wireframe. Otros ejemplos de diseños de baja fidelidad pueden ser los prototipos HTML de los sitios, las maquetas en papel, las animaciones o los storyboards. Son sin duda los Wireframes la herramienta por excelencia para cumplir este rol, sobre todo en el diseño de la interfaz de sitios Web.

Un diseño de baja fidelidad debe cumplir con los siguientes requisitos:

- **Incluir** todos los elementos de diseño, tanto gráficos como funcionales, imprescindibles para la comprensión de la interfaz.
- **No incluir** aquellos elementos de diseño que no son necesarios en esa etapa del proyecto, es decir no incluir nada más que lo que indica el punto anterior.
- Que su mecanismo de creación sea **lo más sencillo posible**, de modo que generarlos y modificarlos sea una tarea de costo ínfimo y plazo mínimo.

Los Wireframes, siempre que se utilicen correctamente, cumplen perfectamente estos requisitos, sobre todo en las etapas más tempranas, cuando los detalles más sutiles de interacción aún no están sobre la mesa de trabajo. Sumado a ello, aportan dos atributos muy importantes: son comprensibles por todo el mundo (independientemente de su perfil técnico) y son muy fáciles de distribuir, tanto en formato digital como en papel.

Los Wireframes son una guía que sugiere con precisión el formato y la ubicación de los principales elementos del diseño de la interfaz, omitiendo los detalles de la gráfica y los problemas estéticos. Se trata de una metodología de trabajo que privilegia la síntesis, el todo, en oposición a la lista de características individuales (features), ya que no tiene su foco en mostrar qué componentes forman parte de la interfaz, sino en describir con precisión la interrelación entre los mismos.

> Los Wireframes son una guía que sugiere con precisión el formato y la ubicación de los principales elementos del diseño de la interfaz, omitiendo los detalles de la gráfica y los problemas estéticos. Se trata de una metodología de trabajo que privilegia la síntesis, el todo, en oposición a la lista de características individuales (features), ya que no tiene su foco en mostrar qué componentes forman parte de la interfaz, sino en describir con precisión la interrelación entre los mismos.

En resumen, los diseños de baja fidelidad en general, y los Wireframes en particular, permiten a la vez la rápida iteración en el diseño de la interfaz y el involucramiento temprano de todos los implicados en el proyecto, dándoles la chance de formarse una idea realista y acabada de cómo será la interfaz una vez construida.

Un resultado adicional de la aplicación de la metodología de diseños de baja fidelidad es que **cuando se entrega el diseño final, todos los participantes ya lo vieron y analizaron en sus distintas fases de avance** y tuvieron la oportunidad de criticar y corregir los puntos débiles, a la vez que potenciar los elementos destacables. El diseño final coincide con la idea o "modelo mental" de la interacción que tenían planteado, generando altos niveles de satisfacción.

CAPÍTULO 3

"Cualquier tonto inteligente puede hacer las cosas
más grandes, más complejas o más violentas.
Se requiere un toque de genialidad, y mucho coraje,
para moverse en la dirección opuesta"

Albert Einstein

Miro, leo, pienso:
tres niveles de interacción

De todas las estrategias y herramientas para maximizar la Usabilidad, tal vez ésta sea la más fácil de comprender y utilizar. Su sencillez no va en detrimento de su potencia, sino todo lo contrario, su aplicación tiene un impacto significativo en los resultados. Es por ello que merece un capítulo por sí misma.

En los tiempos de Internet provoca temor reclamar la autoría de una herramienta: parece que siempre hay alguien a quien se le ocurrieron las ideas antes que a nosotros. Sin embargo, en estos años no encontré ningún artículo, paper o exposición que planteara la relación entre lo inconsciente y lo consciente en esta forma compacta, de manera que me animé a presentar mis ideas con respecto a este tema ante la comunidad, en el lanzamiento de la revista Faz, en noviembre de 2007.

Desde esa fecha hasta ahora no he recibido reclamos al respecto...

Tres niveles de interacción

Para crear páginas y sitios Web fáciles de comprender y usar es importante pasar al otro lado de la pantalla e intentar entender cómo los visitantes de esos sitios interactúan con ellos. De alguna manera puede entenderse que maximizar la facilidad de uso es optimizar el sitio para que las estrategias de interacción de los visitantes funcionen lo mejor posible.

A los efectos de diseñar la interfaz, puede concebirse la interacción de los visitantes con un sitio Web en tres niveles: mirar, leer y pensar. Cada uno de ellos requiere un nivel de atención particular, un esfuerzo consciente particular y retorna al visitante un nivel de resultados particular. La interacción con un sitio Web se desarrolla simultáneamente en los tres niveles, éstos se combinan e interactúan permanentemente entre sí y el visitante obtiene su experiencia como un todo, sin necesidad de tener conciencia alguna sobre qué nivel fue el que le aportó qué dato.

Miro y entiendo

El nivel más básico de interacción es el que podemos llamar "Miro y entiendo". Se trata de un nivel de interacción semiconsciente o inconsciente, donde el visitante requiere de un esfuerzo casi nulo para hacerse de información y conocimiento.

Cuando un visitante se enfrenta a un sitio Web, lo hace con un bagaje de experiencias y aprendizajes previamente adquiridos que intentará utilizar para reconocer patrones, relaciones causa-efecto y en general todo aquello que le ayude a generar un contexto que le permita manejarse de forma óptima dentro del sitio. En este bagaje de experiencias tiene una particularísima importancia la práctica previa de navegación en la Web.

Cuando un visitante se enfrenta a un sitio Web, lo hace con un bagaje de experiencias y aprendizajes previamente adquiridos que intentará utilizar para reconocer patrones, relaciones causa-efecto y en general todo aquello que le ayude a generar un contexto que le permita manejarse de forma óptima dentro del sitio.

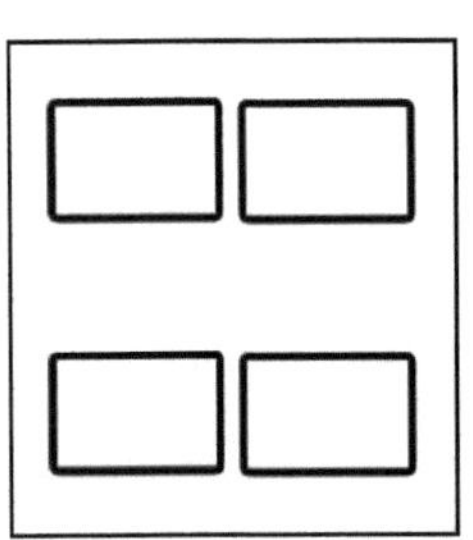

Agrupación Visual

Los patrones a reconocer son en general tan sencillos como poderosa es su influencia en nuestra comprensión. La figura muestra uno de los más primitivos y elementales, pero a la vez más útiles: la agrupación visual. A pesar de que los cuadrados de la imagen no tienen contenido alguno, es obvio y natural que los dos de arriba y los dos de abajo tienen alguna relación entre sí más fuerte que la que tienen los de la izquierda o los de la derecha. ¡Y no hay que pensar para darse cuenta!

Si el diseño tuvo en cuenta el nivel "Miro y entiendo" entonces la agrupación visual, los efectos cromáticos, los espacios, la ubicación, los tamaños, entre otros elementos, permitirán al visitante comprender múltiples aspectos de la página sin esfuerzo alguno y de forma prácticamente inmediata, aumentando enormemente la facilidad de uso.

La intuición

Es dentro del nivel "Miro y entiendo" que debe ser tomada en cuenta la intuición. A diferencia de la creencia popular de que la intuición es una especie de sexto sentido con el que se nace, la intuición no es más que una serie de patrones simples y elementales con los que el individuo ha interactuado una cantidad suficiente de veces como para que su reconocimiento e interpretación sea semiconsciente o inconsciente.

La respiración es una actividad cuyo control puede ser consciente o inconsciente. Habitualmente prestamos poca o nula atención a la respiración, a pesar de lo cual respiramos sin inconvenientes. Cuando es necesario podemos controlar la respiración de modo de realizar la actividad de alguna forma particular, como por ejemplo cuando el médico nos indica "Respire hondo...". Las actividades de reconocimiento de patrones que componen la intuición funcionan exactamente igual, con la diferencia de que no son innatas, sino aprendidas. Cuando ando en bicicleta no tengo que pensar ni en pedalear, ni en balancear el cuerpo, ni en cómo mover la dirección, para mantener el equilibrio. Si es necesario puedo pasar estas actividades al terreno de lo consciente y realizarlas de alguna forma en particular, como cuando me enfrento a una pendiente de gran ángulo. El funcionamiento se torna tan natural que tendemos a pensar que nacimos con él, pero no por ello deja de ser aprendido.

La consecuencia práctica de la intuición para el diseño es que quien quiera aprovecharla deberá buscar los patrones que los individuos han aprendido a lo largo de su vida y reproducirlos, dejando la mayor cantidad de pistas posibles de este hecho. En la Web, esto se traduce en el respeto de los estándares, tanto explícitos como de facto. Este mecanismo reproduce y refuerza aún más los patrones.

Veamos un ejemplo sencillo: el título de un artículo, una nota o una página Web es grande y está arriba, alineado a la izquierda o eventualmente centrado. Ese patrón ha sido visto por todos los humanos lectores de lenguas que se escriben de izquierda a derecha miles y miles de veces y su reconocimiento es instantáneo a pesar de que no nacieron con él. Cuando un visitante aterriza en una página cualquiera desde un buscador, lo primero que hace es tratar de identificar pistas que le indiquen si acertó al clickear en la lista de resultados, si la página a la que llegó es realmente la que buscaba. El título de la página es la pista preferida: intuitivamente buscará ese texto prominente que se ubica en la parte superior de la página. Es una reacción de tipo "Miro y entiendo". Si no lo encuentra a simple vista, tendrá que pasar a otros niveles de interacción para detectar cuál es el título de la página, en caso de que realmente tenga un título.

Gestalt

Gran parte del conocimiento sobre el nivel **"Miro y entiendo"** se lo debemos a la Gestalt. Esto de por sí justifica dedicarle un apartado.

Gestalt es un término alemán sin una traducción precisa al español, que podríamos definir[16] como una configuración simbólica o conjunto de elementos que están unificados de tal forma en un todo, que sus propiedades y significado no pueden ser derivados de la suma de las partes.

La Gestalt o Psicología Gestalt es una corriente que tiene como una de sus ramas centrales (la que más nos interesa a nosotros) el análisis de la percepción y la memoria para entender las leyes por las cuales a partir de la información sensorial y la información almacenada en nuestro cerebro, se conforma el pen-

16 Basado en las definiciones de dictionary.com. http://dictionary.reference.com/browse/gestalt.

samiento, la inteligencia y la solución de problemas. En el terreno de la psicología tiene sus defensores y sus detractores, pero para el punto de vista del diseño de la interacción el aporte es invalorable, porque explica una amplia variedad de problemas del diseño de interfaces a partir de sus postulados básicos[17]:

- **Ley de la Prägnanz (Pregnancia)** – La experiencia perceptiva tiende a adoptar las formas más simples posibles.
- **Principio de la Semejanza** - Nuestra mente agrupa los elementos similares en una entidad. La semejanza depende de la forma, el tamaño, el color y otros aspectos visuales de los elementos.
- **Principio de la Proximidad** - El agrupamiento parcial o secuencial de elementos por nuestra mente está basado en la distancia.
- **Principio de Simetría** - Las imágenes simétricas son percibidas como iguales, como un solo elemento, en la distancia.
- **Principio de Continuidad** - Los detalles que mantienen un patrón o dirección tienden a agruparse juntos, como parte de un modelo. Es decir, percibir elementos continuos aunque estén interrumpidos entre sí.
- **Principio de dirección común** - Implica que los elementos que parecen construir un patrón o un flujo en la misma dirección, se perciben como una figura.
- **Principio de simplicidad** - El individuo organiza sus campos perceptuales con rasgos simples y regulares y tiende a formas buenas: regulares, ordenadas, simples, simétricas, etc.
- **Principio de la relación entre figura y fondo** - El cerebro no puede interpretar un objeto como figura o fondo al mismo tiempo. Dependiendo de la percepción del objeto, será la imagen a observar.

17 Tomado de Wikipedia. http://es.wikipedia.org/wiki/Psicologia_de_la_Gestalt.

Leo y entiendo

"Leo y entiendo" constituye el nivel siguiente de interacción, después de "Miro y entiendo". Se trata de un nivel más potente, pero que requiere más esfuerzo.

> No necesita conocer con anterioridad a la empresa, ni la Página de Inicio, ni las especificaciones de un producto: "Leo y entiendo" es lo que podríamos llamar lectura "autoexplicativa".

Tal como su nombre lo indica, este modo de interacción requiere que el visitante del sitio lea el contenido de las etiquetas y textos. La particularidad está en el hecho de que no necesita nada más que el texto que se lee para comprender cabalmente el sentido del mismo. No necesita conocer con anterioridad a la empresa, ni la Página de Inicio, ni las especificaciones de un producto: "Leo y entiendo" es lo que podríamos llamar lectura "autoexplicativa".

Mientras que un link como "Catálogo de Productos" cae sin duda dentro de la categoría "Leo y entiendo", un link como "Soporte" cae en general fuera de ésta, dado que tengo que tener en mi poder más información para saber si se trata de soporte para los productos o de soporte para el uso del sitio en el que estoy navegando, por ejemplo. El ubicuo "Haga click aquí" es siempre una oportunidad de mejora, ya que en ningún caso cae dentro de la categoría "Leo y entiendo".

El nivel "Leo y entiendo" no es absoluto, sino que depende del contexto en el que me encuentro y del conocimiento previo de los visitantes de mi sitio. Es un error frecuente asumir que los visitantes tienen más conocimiento del contexto del que realmente tienen, en particular con respecto al propio sitio. El paso del tiempo, la llegada al sitio desde un buscador y el desconocimiento total y absoluto de la organización que publica el sitio, entre otros, son todos factores que se suman para hacer que los visitantes se sientan como un latino que llegó hace una hora a China y tiene que pedir comida en un restaurante de un suburbio de Pekín: apenas unas raras pistas le permiten distinguir las carnes de los vegetales y lo que se mueve de lo que está quieto: los nombres, los olores y los colores no le dicen nada.

Pienso y entiendo

El nivel superior, y al que acudimos para entender cualquier problema que esté a nuestro alcance, es el de "Pienso y entiendo": ya sea para recordar algo leído anteriormente o para hacer referencia a conocimientos adquiridos en otro medio. Si estoy dentro del público objetivo, se supone que cualquier contenido publicado por un sitio es para mí comprensible en el nivel "Pienso y entiendo".

"Pienso y entiendo" es el mecanismo omnipotente de la interacción, es quien puede resolver cualquier problema y transmitir cualquier contenido o concepto, pero lo hace a un costo elevado para el visitante: requiere un gran esfuerzo. La práctica y los test muestran que este esfuerzo para aplicar razonamiento a la digestión de los contenidos que le presentamos es tan considerable que, si el premio no es significativo, los visitantes se sentirán fuertemente defraudados.

En general, ser muy pesimista en la previsión de cuánto esfuerzo dedicarán los visitantes para comprender nuestro sitio es una buena forma de acercarse a la realidad, aunque la mayoría de las veces es aún peor.

Estructura y contenido

La Web tiene la particularidad de que los textos e imágenes que presenta son a la vez estructura y contenido. Esto no pasa en un libro: la estructura es el papel, la encuadernación y la tinta, el contenido es el texto en sí mismo. Se navega un libro cambiando las páginas, poniendo un marcador, revisando si la página que estoy leyendo está cerca del principio o del final. En la Web, la estructura (y por ende la navegación) está mezclada con el contenido: un título es a la vez un link y una opción en la lista de resultados del buscador. Un botón es una etiqueta para una categoría y un "hot spot"[18] clickeable.

Para construir sitios fáciles de usar y entender, se debe tener en cuenta esta particularidad y aplicar de forma sistemática los tres niveles de interacción, siguiendo estas pautas:

Cuanto más cerca de "Miro y entiendo", más fácil de usar

El cerebro es una sofisticada herramienta de reconocimiento de patrones y por ello se desempeña en esta tarea con destreza y eficiencia. Cuanto más cerca de "Miro y entiendo" y más lejos de "Pienso y entiendo" está un contenido, más fácil será su comprensión.

Hay que tener mucho cuidado con las falsas apariencias. La mayoría de las veces un ícono en un botón aparentemente pertenece al nivel de "Miro y entiendo", pero en realidad es habitante del ignoto nivel de pienso, pienso, pienso y sigo sin entender.

Barra de botones "Comentarios" e "Internet" del viejo y querido Lotus Word Pro. Algunos íconos son miro, leo, pienso... y no entiendo

18 En una interfaz gráfica un hot spot (área caliente) es una sección de la pantalla destacada visualmente que al clickearla produce una actividad especial como disparar un proceso, navegar a otra página o enviar un formulario, entre otros.

"Miro y entiendo" es aplicable a los elementos más básicos de estructura visual, el agrupamiento, la jerarquía y el orden lógico. Así como utilizarlo correctamente trae pingües beneficios, forzarlo más allá de sus posibilidades trae notorios inconvenientes.

La estructura y la navegación no deben pasar de "Leo y entiendo"

Los objetivos de los visitantes no incluyen en ningún caso conocer la estructura de un sitio o su jerarquía de categorías. Sus propósitos siempre están anclados en el verdadero contenido del sitio, lo que habitualmente se llama el dominio de la tarea. Navegar en el sitio, comprender su estructura, su amplitud, su profundidad, son cuestiones ajenas al dominio de la tarea y por tanto deben requerir el mínimo esfuerzo. Es por ello que no deberían alcanzar el nivel "Pienso y entiendo".

Un ejemplo típico de exceso en los requerimientos de comprensión es la utilización de códigos de colores para indicar la pertenencia a secciones. Los test con usuarios muestran que ni siquiera usuarios habituales de un sitio son capaces de entender y utilizar estos códigos, que son percibidos como mera decoración. Los visitantes no se detienen a pensar el tiempo suficiente como para hacer un uso racional de los códigos de colores y su efecto es el contrario al esperado, ya que producen links de todos colores o títulos de pésima legibilidad, por ejemplo en amarillo sobre fondo blanco.

Tal vez podamos afirmar que los sitios que plantean una especie de contexto virtual a partir de una metáfora son los que llevan al extremo el problema de la comprensión. La confianza en la interpretación del juego visual hace que los textos desaparezcan, por lo que las alternativas son solamente dos: "Miro y entiendo" y "Pienso y entiendo".

La Página principal del colegio Elbio Fernández [19]
desecha el nivel "Leo y entiendo".

La nueva página principal del colegio Elbio Fernández[20].

19 Captura de pantalla de http://www.elbiofernandez.edu.uy el 19 de setiembre de 2010.

20 Captura de pantalla de http://www.elbiofernandez.edu.uy el 11 de octubre de 2010.

Es demasiado soberbio creer que vamos a ser capaces de crear una interfaz 100% "Miro y entiendo", por lo que estamos condenando al usuario a pensar en cosas en las que no debería pensar. La pobreza en la interacción, la dificultad de uso y la insatisfacción de los usuarios está casi garantizada.

Manejar cuidadosamente la interacción entre los niveles

El resultado óptimo se obtiene cuando los tres niveles interactúan de forma adecuada. Ninguno de los tres por separado es suficiente para construir un sitio fácil de entender y usar. Cada uno de ellos tiene sus virtudes y sus dificultades y la receta es el equilibrio.

Por ejemplo, cuando construimos una página con una lista de vínculos a seleccionar, como una lista de productos:

- **El nivel "Miro y entiendo"** debe garantizar que la agrupación, el orden, el tamaño de la tipografía, las sangrías, permitan entender qué producto se emparenta con cuál otro y qué es una categoría, sin necesidad de leer el contenido.
- **El nivel "Leo y entiendo"** debe garantizar que cada texto de la lista sea comprensible por sí mismo, sin leer el resto de la lista, sin necesidad de recurrir a información adicional.

> Cada vez que se enfrente a la tarea de crear contenido para una página, pregúntese ante cada objeto creado a qué nivel corresponde. Si es necesario reescriba los contenidos de modo que la estructura y la interacción no exijan llegar al nivel de "Pienso y entiendo", dejando este nivel para uso exclusivo de sus contenidos clave.

- **El nivel "Pienso y entiendo"** permite que una lista de productos hable de la empresa, de las tecnologías que soporta, de la variedad de su oferta, consigue transmitir ideas y conceptos más allá de lo que estrictamente expresa cada uno de los textos por separado.

Antes	Después
Nuestros Productos: Impresoras Chorro de Tinta Matriz de Puntos Láser Cartuchos Cargas Láser Drivers Mantenimiento On site Carry in Repuestos	**Nuestros Productos** **Impresión** • Impresoras de Chorro de tinta • Impresoras de Matriz de puntos • Impresoras Láser **Suministros** • Cartuchos para chorro de tinta • Cargas para impresora láser • Drivers y actualizaciones de software **Servicio Técnico** • Mantenimiento en nuestro taller y en el lugar • Repuestos

Cada vez que se enfrente a la tarea de crear contenido para una página, pregúntese ante cada objeto creado a qué nivel corresponde. Si es necesario reescriba los contenidos de modo que la estructura y la interacción no exijan llegar al nivel de "Pienso y entiendo", dejando este nivel para uso exclusivo de sus contenidos clave.

CAPÍTULO 4

"Conoce a tu usuario. TÚ no eres tu usuario"

Arnie Lund[21]

Métodos de evaluación de Usabilidad

Una de las principales actividades de los profesionales que trabajan en Usabilidad es la evaluación de los niveles de facilidad de uso de las interfaces. Hace 25 años, o tal vez más, las técnicas utilizadas eran exclusivamente cuantitativas, por lo que la evaluación de la Usabilidad de una interfaz requería de un costoso equipamiento y laboratorios especiales para llevar adelante el trabajo de campo, testeando cientos de usuarios con el fin de obtener datos estadísticamente válidos.

El artículo "Usabilidad a un precio de descuento" presentado por Jakob Nielsen durante la Tercera Conferencia Internacional de Interacción Hombre / Computadora, en setiembre de 1989, llegó como un huracán al desarrollo de metodologías para la evaluación de Usabilidad. Daba por tierra con los fundamentos utilizados hasta el momento, apoyando criterios y técnicas consideradas como amateurs o de poco valor hasta el momento.

El artículo "Usabilidad a un precio de descuento" presentado por Jakob Nielsen durante la Tercera Conferencia Internacional de Interacción Hombre / Computadora, en setiembre de 1989, llegó como un huracán al desarrollo de metodologías para la evaluación de Usabilidad.

Su propuesta se basó en los siguientes principios:

- **Test de Usabilidad cualitativos**: se basan en un guión bien planeado y en el método de "pensar en voz alta" (Think Aloud Protocol). La experiencia con un conjunto pequeño de participantes (5 a 8) le permite a un consultor avezado encontrar la mayoría de los problemas de Usabilidad de una aplicación o sitio Web.

21 Arnie Lund es Director de Experiencia de Usuario en Microsoft. La cita parafrasea el aforismo griego "Conócete a ti mismo". Ambos comparten el hecho de ser atribuidos a múltiples autores.

- **Prototipos de "baja fidelidad"**: es más conveniente realizar test en prototipos de baja fidelidad, muchas veces en papel, que esperar a terminar toda la aplicación para testear la experiencia completa del usuario.
- **Análisis Heurístico**: la comparación de una interfaz contra las mejores prácticas, realizada por un profesional experiente en Usabilidad, arroja resultados muy satisfactorios.

Es ya un clásico el análisis realizado por Nielsen y Tom Landauer sobre el retorno decreciente en los test de Usabilidad: a medida que se realizan más test, menor es la cantidad de problemas que se detectan.[22]

Las conclusiones de este trabajo rigen el proceso de test de Usuarios y refinamiento de interfaces hasta hoy día:

- **Cero usuarios no aporta nada**: ¡siempre es mejor realizar un test que ninguno!
- **Cada usuario aporta menos que el anterior**: el segundo usuario repetirá parte de lo que hizo el primero, el tercero hará en parte lo mismo que los dos anteriores, y así sucesivamente.
- **Sumando más y más usuarios, se aprende cada vez menos**: hasta que llega un momento en el que un nuevo usuario prácticamente no aportará nada relevante.

La pendiente de la curva cambia en el usuario 5, es decir, es allí donde cada test comienza a aportar menos que el anterior. Es en 8 usuarios donde el retorno por cada nuevo usuario deja de justificar un nuevo test. Por eso, si hay presupuesto para 15 test, más vale hacer 3 sesiones de test a lo largo del desarrollo con 5 usuarios cada una, que 15 test juntos, independientemente del momento en el que se realicen.

22 Why You Only Need to Test with 5 Users - Jakob Nielsen - http://www.useit.com/alertbox/20000319.html.

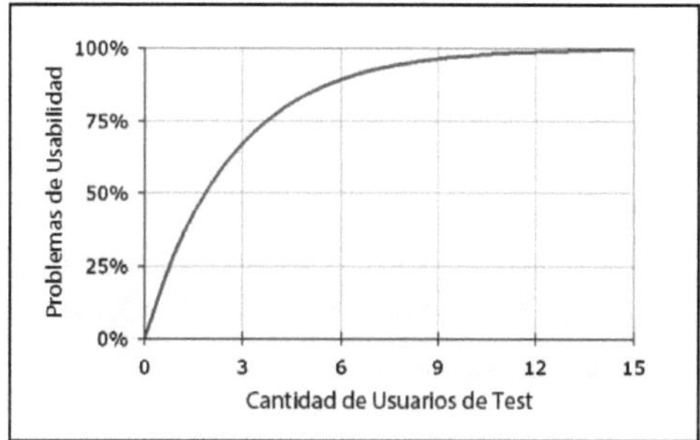

Relación entre la cantidad de test realizados y la eficacia de cada test

El aporte de Nielsen al diseño de interfaces fue revolucionario, y si bien los estudios cuantitativos con cientos de casos mantienen su valor y su trascendencia, la nueva visión metodológica permitió realizar mejoras en la Usabilidad de proyectos de menor envergadura y que disponían de un presupuesto sensiblemente inferior.

Veinte años después, las propuestas metodológicas que Nielsen propuso son la base del trabajo de campo para evaluar la Usabilidad de aplicaciones y sitios Web.

Análisis Heurístico

El estudio de la interacción entre el hombre y la computadora (HCI - Human Computer Interaction) ha recorrido un largo camino que tiene su punto de partida en la década de los 70 del siglo pasado, o tal vez incluso antes. En este período no sólo se ha investigado y producido mejores interfaces sino que se ha acumulado un conjunto de experiencias y conocimientos que fueron sistematizados en reglas, guías y compendios de mejores prácticas, cuyo cumplimiento ayuda a conseguir interfaces más fáciles de usar. Estos conjuntos de reglas se conocen como Heurísticas de Usabilidad.

Las heurísticas, reglas heurísticas o el método heurístico implican la detección de puntos de conflicto en la interfaz, aportando soluciones suficientemente buenas a problemas complejos. Esta definición tiene dos consecuencias relevantes:

- **La aplicación sistemática de Heurísticas de Usabilidad** aportará niveles de Usabilidad suficientemente buenos sin necesidad de incurrir en metodologías o costos adicionales.
- **Las Heurísticas de Usabilidad son un principio**: los niveles óptimos de Usabilidad requieren la aplicación de otras técnicas y otros enfoques metodológicos específicos, focalizados en la solución de los problemas particulares a resolver.

Las 10 reglas heurísticas

El abanico de compendios de Heurísticas de Usabilidad es muy amplio y existen excelentes versiones con distintos atributos y foco en distintos temas. Tomaremos aquí como punto de partida una de las más clásicas, la introducida por Jakob Nielsen y Rolf Molich en la conferencia "Evaluación Heurística de interfaces de usuario" en abril de 1990.

Desde el '90 hasta la fecha han pasado más de 20 años, en los que la Web ha impactado fuertemente en el diseño de las interfaces y las modalidades de interacción, por lo que se impone una adaptación al documento original que entendemos no alteran ni su esencia ni su espíritu. Haberse mantenido vigentes durante casi 20 años en un terreno donde se producen cambios continuos y de un modo vertiginoso, las hace enormemente valiosas.[23]

23 La versión original en idioma inglés puede encontrarse en http://www.useit.com/papers/heuristic/heuristic_list.html

1. Visibilidad del Contexto:

El Sitio Web debe mostrar a los usuarios dónde se encuentran y de dónde vienen. Debe ser evidente si se mantienen dentro del sitio o si salieron de él.

Esta es una de las reglas claves para la navegación en su relación con la Arquitectura de la Información, como la herramienta que permite al usuario comprender la dimensión del universo de información disponible en el sitio, así como los caminos para recorrerlo. La interfaz del sitio debe ser capaz de construir para el usuario ese contexto e indicarle en todo momento qué relación tiene la porción de información que está visualizando con el resto de la información disponible en el sitio.

2. Coincidencia entre el sistema y el mundo real:

El Sitio Web deberá expresarse en el lenguaje del usuario, con palabras, frases y conceptos que le sean familiares, cuidándose de no hacerlo con términos propios del sistema informático. Seguir las convenciones del mundo real, desplegando la información en un orden natural y lógico.

Es muy difícil agregar conceptos útiles a una afirmación tan concisa y llena de significado. Sin embargo, la navegación por la Web muestra que es una heurística violada sistemáticamente, elevando innecesariamente la dificultad de uso de un sitio al obligar al usuario a entender una lógica y un lenguaje que le son totalmente ajenos.

3. Libertad y Control por parte del usuario:

El Sitio debe imponer la menor cantidad posible de restricciones a los usuarios, permitiéndoles elegir los caminos y las formas de cumplir sus objetivos. Evitar desactivar los controles del navegador.

Es frecuente encontrar limitaciones en el uso de los sitios que tienen su origen en requerimientos técnicos, decisiones organizacionales y otro abanico de fuentes que son invisibles al usuario. Si no hay una alternativa mejor, estas restricciones "suben" a la superficie, imponiendo una forma de interactuar distinta de la lógica y natural.

Una práctica común para imponer formas o caminos de interacción es deshabilitar todas o parte de las funciones que proporciona el navegador que contiene el sitio Web (botones, barra de direcciones, achicar y agrandar la ventana, etc.). Esto genera múltiples problemas de Usabilidad ya que, desde el punto de vista del usuario, la interacción con un sitio particular siempre forma parte de un proceso más amplio de navegación constituido por una sucesión de páginas y sitios que se visualizan en forma secuencial o concurrente. Se estima que el navegador participa en el entorno del 35% en la navegación en Internet, siendo la barra de scroll y el botón "Atrás" los que llevan la mayor porción de uso. Eliminar de un plumazo el 35% de las posibilidades de interacción de un usuario con un sitio sin una causa que lo justifique de forma sólida, no parece una buena idea.

4. Consistencia y Estándares:

Los usuarios no deben tener necesidad de discernir si palabras, situaciones o acciones distintas significan lo mismo. Seguir las convenciones de la Web.

Los estándares aportan grandes dosis de Usabilidad cuando se utilizan de forma consistente. Su efecto puede verse desde el punto de vista del micro y macro aprendizaje.

Podemos hablar de **microaprendizaje** cuando un usuario es capaz de aplicar inmediatamente al resto del sitio lo que aprendió en su interacción. Por ejemplo: si en una página del sitio las opciones del menú despliegan ayuda al detener el puntero del ratón sobre ellas, el usuario utilizará este efecto en la página siguiente.

Un sitio que se preocupa de que los visitantes puedan aplicar sus microaprendizajes a través de un uso consistente de los elementos de la interfaz, premiará a sus usuarios con una cantidad enorme de oportunidades para aplicar lo aprendido, devolviendo un valor significativo como pago por el esfuerzo que el usuario entregó al usar el sitio.

El **macroaprendizaje** hace referencia a la aplicación de estándares y convenciones que el usuario aprendió en otros sitios. Por ejemplo: el texto azul subrayado es sinónimo universal de vínculo y cualquier usuario lo reconocerá en el nivel "Miro y entiendo", sin necesidad de razonamiento adicional. La aplicación sistemática de las convenciones y estándares de la Web, que el usuario trae como bagaje de conocimientos cuando llega al sitio, no solamente proporcionará una interfaz más fácil de usar a los visitantes, sino que además permitirá aplicar los recursos del equipo de programación y diseño a los elementos de la interfaz que son particulares del sitio.

5. Prevención de Errores:

Sensiblemente mejor que buenos mensajes de error es un diseño cuidadoso que anticipa y previene la ocurrencia de los problemas. O se eliminan las condiciones que conducen a error o se checkean y se advierte al usuario antes de que confirme la acción. Soportar deshacer y rehacer.

No todos los errores son evitables, pero gran parte de ellos pueden eliminarse con un diseño cuidadoso de la interfaz. Por ejemplo, cuando el valor que puede ingresar un usuario en un campo está restringido a una pequeña lista, un campo de texto abre la posibilidad a un sinnúmero de errores, mientras que una lista de radio buttons elimina totalmente la posibilidad de que ocurran.

Reducir las posibilidades de error es siempre la mejor estrategia, ya que producen una navegación fluida y dentro del modelo mental del usuario.

Visto desde otro punto de vista, un error implica que la interfaz no fue lo suficientemente explícita para que el usuario comprenda qué opciones son válidas y cuáles no lo son. Entonces, prevenir los errores implica mejorar la comprensión que el usuario tendrá de la interfaz y por tanto mejorar los resultados que obtendrá al usarla.

6. Reconocer es mejor que recordar:

Minimizar la carga en la memoria del usuario haciendo los objetos, acciones y opciones visibles. El usuario no debe tener necesidad de recordar información de una página a la siguiente. Utilizar la agrupación visual, los tamaños y otras herramientas gráficas para mostrar relaciones, dependencias y otras características sin necesidad de leer los textos.

Existen numerosas técnicas para presentar información en la pantalla que ponen foco en la comprensión de la información que se despliega. Utilizar estas técnicas reduce el tiempo que el usuario requiere para aprehender el mensaje que el contenido intenta transmitir, valorar sus implicancias y sopesar las consecuencias de las decisiones que tiene que tomar al navegar. El camino opuesto es el de no desplegar información, recargando la memoria del usuario con datos innecesarios que podrían estar en la pantalla.

Permitir a los navegantes reconocer en la pantalla la información relevante es la herramienta fundamental para pasar del nivel "Pienso y entiendo" a los niveles que requieren menos esfuerzo de utilización "Leo y entiendo" y "Miro y entiendo".

7. Flexibilidad y eficiencia de uso:

El Sitio Web debe estar optimizado para minimizar el esfuerzo que requiere al usuario alcanzar sus objetivos. No solicitar jamás información innecesaria, acortar al mínimo los formularios y procesos.

Los aceleradores (invisibles para el usuario novato) permiten que el sistema pueda satisfacer tanto a los usuarios inexpertos como a los expertos. Cuando el uso es reiterado, permitir a los usuarios personalizar las acciones frecuentes.

¿Cuál es el alcance del sitio? La respuesta a esta pregunta está fuertemente vinculada a esta heurística, porque la mayoría de los casos en los que la interfaz se aparta de ella es precisamente porque el diseño transgredió las fronteras del alcance. Por ejemplo, en un nuevo formulario Web para poder realizar un trámite que antes era sólo presencial, se solicitan datos innecesarios para poblar la base de datos de marketing o para cualquier otro fin. Es evidente que se está castigando al usuario, a la vez que se está produciendo una desviación del punto de partida original, ya que no tiene sentido hacer las cosas más difíciles para que sean más fáciles. El camino correcto es hacerlas lo más fáciles posible sin más dilaciones.

No tiene sentido hacer las cosas más difíciles para que sean más fáciles. El camino correcto es hacerlas lo más fáciles posible sin más dilaciones.

8. Diseño minimalista[24] y estética:

Las páginas no deben contener información que sea irrelevante o remotamente necesaria. Cada unidad extra de información compite con las unidades relevantes de información y reduce por tanto su visibilidad relativa.

La interfaz es una herramienta, un camino para que el usuario cumpla objetivos, que en definitiva son ajenos a la interfaz. Si bien proporcionar una expe-

24 La palabra "minimalista" figura en el original de Nielsen y Molich, y es por eso que la mantuvimos. Siendo estrictos, el minimalismo es una corriente estética y la Usabilidad debe ser agnóstica con respecto a las corrientes estéticas. Tal vez un título más adecuado sea: "Evitar la saturación".

riencia de interacción agradable es un requisito de Usabilidad, convertir la interfaz en la estrella es un error ya que desplaza a un segundo plano de relevancia los objetivos del usuario.

La aplicación de una estética equilibrada y acorde con el estilo de la organización dueña del sitio es necesaria y bienvenida. No obstante, es imprescindible sopesar correctamente la necesidad de cada píxel que se incluye en la pantalla, cuidando de que su función ayude al usuario y no se transforme en el obstáculo a sortear.

Es habitual encontrar elementos de interfaz que están allí "por si hay un usuario que quiere utilizarlo". Una interfaz usable requiere de un diseño meticuloso, y los diseñadores de la interacción que la construyen no tienen derecho a eludir las decisiones de qué poner y qué sacar. Recargar la interfaz bajo la consigna "el que quiere lo usa y el que no quiere no lo usa" es una estrategia que debe ser combatida, porque la complejidad aumenta exponencialmente con cada elemento que se agrega a la pantalla y la saturación se alcanza con facilidad.

9. Escribir para la Web:

Los textos y otros contenidos deben estar optimizados para la Web desde el punto de vista de los usuarios. Titular, usar viñetas, listas y otras herramientas para maximizar la capacidad de buscar y ojear. Cuidar que la tipografía y el contraste de los textos no afecten la legibilidad.

Cada medio de comunicación tiene sus particularidades y la Web no es una excepción. Optimizar los contenidos para el medio es una técnica que la humanidad domina hace siglos. El hecho de que la Web sea un medio muy nuevo en comparación con los decanos como la novela, el cuento, o inclusive el cine, no nos exime de trabajar fuertemente para hacer que la relación medio/mensaje sea equilibrada y permita a quienes reciben el mensaje a través del medio, obtener el máximo resultado con el menor esfuerzo.

10. Ayudar a los usuarios a reconocer, diagnosticar y recuperarse de los errores:

Los mensajes de error deben expresarse en lenguaje habitual (no códigos o jerga), indicar con precisión el problema y sugerir constructivamente una solución.

A pesar de todos los esfuerzos de programación y diseño es inevitable que los usuarios arriben a situaciones inconsistentes, hecho que les es reportado a través de los mensajes de error.

El mensaje debe, siempre que sea posible, traspasar el objetivo puntual de comunicar la situación de error incluyendo una explicación para que el usuario entienda por qué sucedió el error, qué consecuencias tiene y cuáles son los caminos para resolverlo. Si fuera el caso, lo óptimo es que el mensaje de error incluya los vínculos o botones para que el usuario acceda directamente a los caminos de solución sin más trámite.

Analizando el sitio

El Análisis Heurístico es una técnica exhaustiva. Para llevarlo adelante es necesario recorrer en forma sistemática cada una de las páginas del sitio, poniendo particular atención en el contenido, las herramientas de navegación, las agrupaciones lógicas de objetos, la redacción y titulación y los elementos complementarios a éstos que pudieran ser relevantes en cada caso, con énfasis en aquellos elementos o decisiones de diseño que se apartan de las Heurísticas de Usabilidad o que se entiende que presentan dificultades para los usuarios.

Problemas Generales y Problemas Particulares

Dentro de los problemas que se detectan al realizar un Análisis Heurístico a un sitio Web, algunos de ellos se repiten en una cantidad importante de páginas o en toda una rama de la navegación. Llamaremos a éstos **problemas generales**, en contraposición a los problemas que suceden una o a lo sumo un puñado de veces, a los que llamaremos **problemas particulares**.

Los problemas generales en la mayoría de los casos tienen su causa en errores u omisiones en niveles más profundos que el de la interfaz, como el Modelo de Interacción o la Arquitectura de la Información.

La detección de los problemas generales es más relevante y más útil que la de los problemas particulares, porque su corrección mejora la Usabilidad de porciones más extensas de la interfaz. Es por ello que el Análisis Heurístico debe privilegiar la detección de los primeros frente a los últimos.

La severidad de los problemas

El Análisis Heurístico debe producir un informe que detalle cada uno de los puntos en los que la interfaz se aparta de las mejores prácticas y la explicación de porqué se aparta de ellas. En la mayoría de los trabajos se incluye también una recomendación de cómo superar el problema.

Una práctica habitual es calificar cada problema detectado con un nivel de severidad, en base a una clasificación similar a la siguiente:

- **Severidad 1** - Problema grave de Usabilidad
  Es imperativa su solución antes de liberar el sistema o de inmediato si el sistema está en producción.
- **Severidad 2** - Problema mayor de Usabilidad
  Es importante su solución y debería asignársele alta prioridad.
- **Severidad 3** - Problema medio de Usabilidad
  Solucionar el problema es relevante, debería ser incorporado a las tareas de mantenimiento.
- **Severidad 4** - Problema menor de Usabilidad
  La solución puede esperar al próximo proceso de rediseño de la interfaz.

El solo hecho de que **un problema sea general hace que su severidad sea mayor**, frente a la ocurrencia de un problema equivalente pero particular, es decir, restringido a una única página.

Al hablar de la severidad de los problemas e incluir expresiones como "problema grave" y "solución inmediata" es importante reafirmar que a diferencia de otras áreas técnicas donde una falta grave (como por ejemplo una falla en la base de datos o un corte de energía) invalida el uso del sistema completo, los problemas de Usabilidad, incluso los más graves, no generan interrupciones generales y abruptas. **Todas las interfaces se pueden usar**: hasta la versión más complicada construida por el cerebro más retorcido puede ser utilizada.

Cuando se indica que el problema de Usabilidad es grave y debe ser resuelto lo antes posible, se está asumiendo que quien administra el sitio tiene una preocupación real por que sus visitantes encuentren contenidos valiosos y cumplan sus objetivos de una forma rápida y satisfactoria. Es a partir de este supuesto que alejarse de la facilidad de uso puede constituirse en un problema grave.

Ver los problemas uno a uno

Una característica importante del Análisis Heurístico es que cada problema detectado se analiza por separado, tanto para su determinación como para proponer una solución.

Dicho de otra forma, se trabajan los problemas uno a uno, con el mayor nivel de granularidad posible, considerando al proponer la solución, que el resto del sitio quedará exactamente igual. Es por esta característica que se dice que es una técnica exhaustiva.

Sin embargo, y a pesar de que los problemas se vean uno a uno y las recomendaciones se piensen *ceteris paribus*, o sea, como si todo lo demás quedara exactamente igual, en la recorrida detallada que el análisis heurístico implica, muchas veces quien lo realiza concibe soluciones que corrigen más de un problema a la vez o que implican cambios sustantivos a la interfaz para eliminar de una vez la causa de un conjunto amplio de problemas. Si este es el caso, vale la pena incluir estas propuestas como recomendaciones del trabajo en un capítulo aparte, sin que ello implique que se eliminen las recomendaciones particulares.

Cómo redactar los problemas y las recomendaciones

Para redactar los problemas y las recomendaciones el primer paso es capturar la pantalla que estamos analizando y sobre ella, con un editor de texto o de imágenes, marcar el lugar donde ocurre el problema y asignarle un número. En una captura de pantalla pueden incluirse más de un problema. Es más, habitualmente las capturas quedan colmadas de números que indican problemas de Usabilidad.

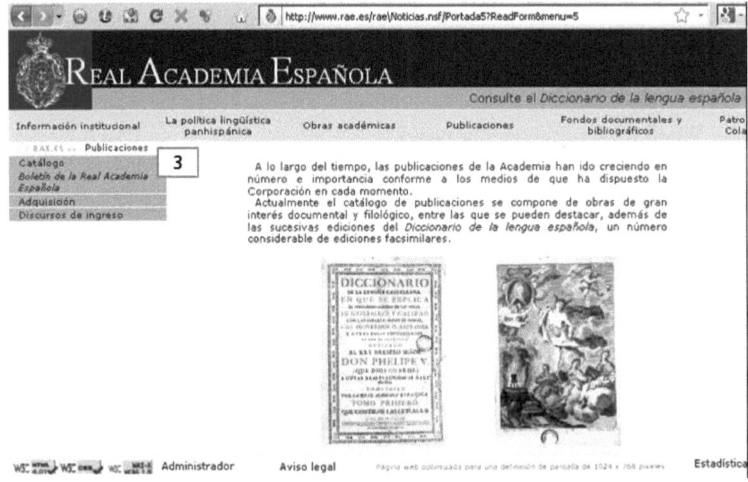

En el texto se debe indicar el número asignado como referencia, qué heurística viola y cuál es el grado de severidad. Por ejemplo:

3. Heurística 6 - Reconocer es mejor que recordar. Severidad 1

Luego se indica cuál es el problema, cuál es la causa del problema y cuál o cuáles son las consecuencias para el usuario. Por ejemplo:

> **Problema:** Los títulos no se reconocen como tales porque el tipo de letra es muy pequeño y están separados del texto, obligando a los usuarios a leer el cuerpo del contenido para determinar si la página les será útil.

En este caso:

- **Cuál es el problema:** los títulos no se reconocen como tales.
- **Cuál es la causa:** el tipo de letra es muy pequeño y están separados del texto.
- **Cuál es la consecuencia:** obliga a los usuarios a leer el cuerpo del contenido para determinar si la página les será útil.

En múltiples ocasiones es evidente a partir del problema cuál es su causa, cuáles son sus consecuencias o ambos. En este caso sencillamente **se omiten, evitando los textos obvios o triviales** del estilo "confunde al usuario" o "genera problemas de Usabilidad".

Por último se incluye una recomendación:

> **Recomendación:** Aumentar sensiblemente el tamaño del tipo de letra y alinear los títulos con el texto, de modo de que se reconozcan como títulos sin ambigüedades.

Una buena recomendación tiene que decir qué hacer de la forma más concreta y directa posible. Si el problema es "la paleta de colores es confusa" una recomendación del estilo de "cambiar la paleta de colores para que sea menos confusa" no representa aporte alguno. Si ese fuera el caso entonces la recomendación debería decir cómo cambiarla, qué colores eliminar y cuáles agregar.

Juntando todos los elementos, la redacción quedaría como sigue:

3. Heurística 6 - Reconocer es mejor que recordar. Severidad 1

   Problema: Los títulos no se reconocen como tales porque el tipo de letra es muy pequeño y están separados del texto, obligando a los usuarios a leer el cuerpo del contenido para determinar si la página les será útil.

   Recomendación: Aumentar sensiblemente el tamaño del tipo de letra y alinear los títulos con el texto, de modo de que se reconozcan como títulos sin ambigüedades.

El Análisis Heurístico es una herramienta con una ecuación costo / beneficio muy alta. Para realizarlo se requiere dedicación y paciencia, no hacen falta ni prototipos, ni sistemas especiales, ni reuniones. Además de la detección de los problemas incluye las recomendaciones para resolverlos. No se puede pedir más.

Checklist y evaluaciones heurísticas cuantitativas

Una aspiración importante de todo evaluador es poder **cuantificar** sus resultados, en nuestro caso, poder comparar dos interfaces. Ya sea que se trate de dos productos distintos, con el objetivo de poder decir cuánto mejor es uno que el otro, como de comparar dos versiones de la misma interfaz para decir **cuánto mejoró la Usabilidad** de la primera versión a la siguiente.

Lamentablemente estas evaluaciones, para que sean realmente válidas, requieren de un trabajo muy extenso y complejo. La causa sustancial es que la facilidad de uso de una aplicación o sitio Web es fuertemente priorizada, es decir, el mismo problema tiene un peso relativo muy distinto dependiendo de dónde se cometa y del tipo de aplicación en la que se presente. Sumado a ello, y con el mismo nivel de importancia, lo que en un caso es una solución excelente en otra interfaz puede representar un error grave.[25]

De ambas premisas surge que para realizar una evaluación cuantitativa significativa a partir de un análisis heurístico es necesario primero crear un sistema de medición acorde con la interfaz específica que se está analizando, y luego realizar la medición.

Existen en la comunidad numerosas checklist que intentan ser un atajo para un camino rectilíneo: no llegan antes, sino que van a otra parte. Justo es decirlo, las checklist **son un aporte**, particularmente por su granularidad: contienen numerosos puntos a controlar, bien agrupados, que dan un panorama amplio y una guía de qué revisar. Las hay muy buenas como por ejemplo:

Existen en la comunidad numerosas checklist que intentan ser un atajo para un camino rectilíneo: no llegan antes, sino que van a otra parte.

- **Userfocus:** Extremadamente detallada, y con una planilla para realizar los cálculos:
  http://www.userfocus.co.uk/resources/guidelines_translated.html
- **Laboratorio Aragonés de Usabilidad**: Abre en elementos más pequeños cada una de las heurísticas de la lista original propuesta por Jakob Nielsen:
  http://www.laboratoriousabilidad.com/documentos/checklist.pdf

25 En este aspecto resulta ilustrativo el concepto de "postura" de una aplicación que propone Alan Cooper en su libro About Face, para diferenciar las aplicaciones que reinan en el uso del computador (procesador de texto, navegador, correo electrónico) de aquellas que transitan por él: las abrimos, las usamos y las cerramos. La interfaz sofisticada, configurable y sutil de las primeras es un error inconmensurable en las segundas.
About Face, The Essentials of User Interface Design - Alan Cooper - John Wiley & Sons, 1995.

- **Más que accesibilidad**: Es una lista muy directa, que prioriza las recomendaciones sencillas, aunque a veces un poco esquemáticas: http://www.mqaccesibilidad.com/2006/11/lista-para-comprobar-la-usabilidad-de.html

De todos modos, a pesar de su utilidad como guías de qué buscar, fracasan en la cuantificación. Para entender el problema, analicemos algunos ejemplos de ítems a chequear incluidos en estas listas.

"El sitio tiene contenido único y atractivo."

Válido en muchos casos, es absolutamente falso para un buscador: todo el contenido es repetido, ya existía en otro sitio antes de estar allí. Lo mismo vale para Google News. Y para WikiQuote.

"Las listas numeradas comienzan en '1' y no en '0'."

"La información está organizada jerárquicamente, de lo general a lo específico, y la organización es clara y lógica."

Ambas están agrupadas bajo la categoría Calidad del Contenido. Mientras que comenzar las listas numeradas en 1 parece un detalle nimio, la organización jerárquica, clara y lógica de la información es prácticamente el objeto mismo de la arquitectura de la información. Pero ambas otorgan 1 punto.

"Existe alguna página mayor de una pantalla y media"

Si el contenido lo permite, esta es una muy buena práctica. Por el contrario, si el contenido es extenso por naturaleza, casi siempre es mejor que esté en una página larga a distribuirlo en varias páginas cortas con un sistema de paginación. Tenemos por ejemplo a Wikipedia, que con páginas muy largas, haciendo gala de un estilo exquisito, consigue que nadie lo perciba o se moleste por ello.

Es cierto que el método heurístico propuesto requiere que quien lo realiza tenga cierta experiencia y también sensibilidad con respecto a la Usabilidad. Ejemplo de ello es que un heurístico es una excelente prueba para evaluar a un profesional a incorporar al equipo, sobre todo en nuestros mercados en donde es muy raro encontrar técnicos con experiencia en Usabilidad y en general nos nutrimos de otras profesiones: comunicadores, diseñadores gráficos o programadores. Para comenzar la prueba, se le explica la metodología del análisis heurístico en forma detallada y por escrito, se le otorga tiempo para leerla un par de veces y se le asigna un sitio a evaluar. El resultado es mágico, porque solamente si tiene fibra real para trabajar en Usabilidad realizará un buen heurístico: priorizado, bien organizado y redactado, con recomendaciones directas y útiles.

Tal vez una checklist pueda saltear la necesidad de profesionales más experientes, pero a costo de producir un resultado menos valioso:

- **Foco**: por más amplia que sea una checklist, no deja de ser una lista. Validar esto, verificar aquello. Lo que no esté en la lista no será analizado.

  Por el contrario, un heurístico con la metodología propuesta permite poner foco en los problemas relevantes, sin perder la capacidad de recorrer y valorar los detalles.

- **Alcance**: una checklist es apenas evaluatoria, indica qué está bien y qué está mal, a lo sumo dirá que algo está mal y que otra cosa está peor.

  Un heurístico tradicional propone una recomendación para cada problema detectado, y eso es una ventaja sustancial.

- **Utilidad**: un heurístico como el propuesto lleva prácticamente el mismo tiempo que uno realizado en base a una checklist, pero el primero es más útil. Una vez terminado, se convierte en el plan de trabajo de las correcciones.

Si realmente necesita una evaluación cuantitativa de facilidad de uso probablemente el camino sea realizar test con usuarios con la metodología propuesta en próximo apartado. En modo cuantitativo se utiliza la cantidad de tareas cumplidas y el tiempo para cumplirlas como cuantificador, y se realiza en base a una muestra de usuarios lo suficientemente grande como para que tenga valor estadístico.

Test con Usuarios

Los Test con Usuarios son, desde hace más de dos décadas, una práctica extendida en el proceso de concepción y depuración de interfaces de usuario para mejorar su facilidad de uso. Consisten en la observación del comportamiento de individuos reales, los usuarios, enfrentados a tareas comunes, similares a las que se enfrentan en la vida real y que deben resolver utilizando la aplicación o el sitio Web. Se trata de una técnica que permite a los expertos en Usabilidad detectar áreas de conflicto, problemas de interpretación y omisiones, de modo de poder perfeccionar el diseño de la interfaz.

Los Test con Usuarios, tal como los describimos aquí, son una técnica cualitativa. Es el equipo que planifica y realiza la prueba el que saca las conclusiones y recomendaciones a partir de lo que suceda en el test, de los objetivos planteados, de su conocimiento de Usabilidad y de la propia participación de los usuarios.

A diferencia de la esencia exhaustiva y abarcativa del Análisis Heurístico, los Test con Usuarios son una técnica focalizada, que permite el análisis profundo de una cantidad reducida de problemas. Estas características los hacen complementarios, constituyendo una práctica habitual:

A diferencia de la esencia exhaustiva y abarcativa del Análisis Heurístico, los Test con Usuarios son una técnica focalizada, que permite el análisis profundo de una cantidad reducida de problemas. Estas características los hacen complementarios.

- **Realizar un Análisis Heurístico** como primer acercamiento al sitio. Esto permitirá, además de tener un listado inicial de problemas y recomendaciones, un conocimiento profundo del sitio que se analiza, sobre todo si el equipo de trabajo en Usabilidad es ajeno al diseño y desarrollo del mismo.
- **Determinar las áreas de conflicto** en base al heurístico y a partir de sus resultados. Éstas serán tomadas como base para la realización de los Test con Usuarios.
- **Testear con Usuarios** para profundizar el descubrimiento de problemas en las áreas de conflicto y a partir de ese conocimiento más profundo, proponer mejores soluciones.

Cuando se define el contenido de un Test de Usabilidad con usuarios se debe evitar analizar problemas completamente conocidos. Si es obvio y sabido que algo está mal y tenemos la convicción de que analizarlo no agregará más información, entonces los resultados de los test no serán útiles y solo conseguiremos que los usuarios invitados a realizar la prueba se frustren enormemente, dado que se les pedirá que realicen tareas que sabemos de antemano que no podrán completar. Los test deben estar orientados a descubrir problemas que no conocemos, a ayudarnos a evaluar alternativas y a profundizar en la detección de fallas de Usabilidad. **Lo que ya sabemos que está mal hay que corregirlo** sin más trámite.

El desarrollo de los Test de Usabilidad

Para la realización de los Test de Usabilidad se utiliza la técnica denominada "pensamiento manifiesto" (Think Aloud Protocol) en la que el moderador del test le propone a un usuario la realización de una serie de tareas en el sitio Web a analizar, solicitándole que relate en voz alta las acciones que lleva a cabo, las razones por las que las realiza, así como sus impresiones generales y particulares sobre el sistema.

El orden esquemático de las tareas que involucran un test es el siguiente:

A. **Se realiza la selección de usuarios** en base a un perfil preestablecido.

   La experiencia muestra ampliamente que 8 usuarios son suficientes para detectar los problemas. Inclusive en la mayoría de los casos alcanza con apenas 5 usuarios. En el peor de los casos, un usuario es infinitamente mejor que ninguno.

   En lo que respecta al perfil, a diferencia de los focus groups[26] donde el perfil de los invitados es esencial, en los test con usuarios de sitios de acceso público tiene una importancia sensiblemente menor, con excepción de aquellos sitios destinados a un público muy específico y que deben tener un conocimiento profesional determinado para su utilización.

   Como criterio general, es siempre válido que los informáticos de cualquier especie no deben ser usuarios en los test, ya que tienen una visión completamente distinta de cómo funcionan los sitios que los usuarios habituales. También es recomendable excluir al equipo de desarrollo del sitio.

B. **Se propone una lista de tareas adecuadas al perfil** y focalizadas en el objetivo del estudio, plasmadas en un script (guión). La creación de un script, es decir, una guía ordenada de las tareas a realizar, en el orden en que deben ser realizadas, con la puntualización de qué elementos son relevantes y fundamentalmente qué se le debe decir al usuario permite dar homogeneidad a la realización de cada uno de los test.

   Para que el test sea útil, las tareas deben establecerse previamente y ello incluye como elemento fundamental, redactar toda la información que

26 Un Focus Group (grupo focal o grupo de foco) es una técnica de investigación de mercado en la que se reúne un grupo de 6 a 12 personas y un moderador los consulta sobre sus opiniones y experiencias con el o los productos objeto de estudio.

se va a dar al usuario en cada una de ellas y leerlas a todos los usuarios exactamente de la misma forma. Pensar cada palabra, definir si se utiliza o no un término que figura en la pantalla, entre otros, serán determinantes a la hora de contar con un test de calidad.

C. **El consultor observa y escucha la evolución del usuario**. Lee una a una las tareas al usuario y mientras éste las desarrolla, toma nota de los problemas y observaciones de interés para futuros análisis.

   Es importante recordarle al usuario que "piense en voz alta", pidiéndole que explique verbalmente qué está haciendo y por qué lo está haciendo.

D. **Se filman y graban las sesiones**, incluyendo las acciones, los comentarios y las expresiones de los usuarios, para su análisis posterior.

   Hace unos años filmar las sesiones requería de costoso equipamiento y era fuertemente intrusivo, ya que implicaba la presencia de trípodes y cámaras filmadoras en el lugar del test. Hoy en día existe software, (por ejemplo Camtasia Studio) que captura toda la actividad de la pantalla y filma al usuario con una pequeña cámara Web.

Los Test con Usuarios se desarrollan en un ambiente controlado. El usuario es asistido por un moderador, que le explica las tareas pero que no interviene ni lo ayuda durante su interacción con la computadora.

A partir de la observación directa en las sesiones y del análisis de las grabaciones, se determina la cantidad de tareas completadas satisfactoriamente y el conjunto de problemas a ser resueltos. Esto constituye un insumo fundamental para el trabajo de rediseño de la interfaz, de modo de reducir al mínimo posible las dificultades en el uso.

Fichas de tarea

Para organizar el trabajo del test, es conveniente preparar una ficha para cada tarea. La ficha incluye toda la información relevante para la tarea. Una ficha podría tener el siguiente formato:

1. Título descriptivo
Objetivos de la Tarea: breve descripción que explica por qué se incluyó la tarea.
Inputs: en qué página debe estar el navegador antes de comenzar y qué información adicional debe conocer el usuario para realizar la tarea.
Terminada si: condición que el usuario debe alcanzar, evitar ambigüedades.
Instrucciones para el usuario: es lo único que el usuario conoce de la ficha.
Observaciones: información complementaria de cualquier naturaleza, en caso de que sea necesario.

Los componentes de la ficha cumplen los siguientes roles:

- **Título descriptivo**: durante el desarrollo de los test y en la evaluación posterior se hace muy difícil trabajar si cada tarea no tiene un nombre claro. El título ayuda a eliminar este problema. Es útil además numerarlas de forma correlativa.
- **Objetivos de la Tarea**: para cada tarea se debe decir explícitamente para qué fue incluida en el test, qué es lo que se quiere explorar al realizarla. Esto ayuda enormemente a evitar tareas improductivas o confusas, que no arrojan ningún resultado concreto. Sumado a esto, comprender claramente el objetivo de la tarea facilita la redacción de las instrucciones.

- **Inputs**: para que todos los usuarios desarrollen las tareas en las mismas condiciones, es imprescindible que tengan el mismo punto de partida.
- **Instrucciones para el usuario**: el texto que se leerá al usuario para la realización de las tareas. Para que un test sea exitoso es importante que todos los usuarios ejecuten exactamente las mismas instrucciones.

  Si se requieren datos adicionales para llenar un formulario, deben ser incluidos de forma explícita y clara en las instrucciones. Si por el contrario el usuario debe utilizar sus propios datos, también esta situación debe ser incluida explícitamente en las instrucciones.
- **Observaciones**: cualquier información adicional que sea relevante para la tarea y que el equipo deba tener en cuenta.

Las instrucciones para el usuario

La parte más sensible de la ficha son sin duda **las instrucciones para el usuario**. En la redacción de las instrucciones se juega gran parte del éxito del test.

Las instrucciones para el usuario deben ser redactadas de modo que a quien realiza el test le parezca razonable lo que se le está pidiendo. Se debe evitar dar órdenes o solicitar que se realicen acciones sin contexto o sentido. Es importante que el usuario realice las tareas lo más naturalmente posible, que se sienta involucrado en el problema que la tarea resuelve. Que la tarea le resulte razonable es un aporte sustancial a la calidad del test.

Las instrucciones para el usuario deben ser redactadas de modo que a quien realiza el test le parezca razonable lo que se le está pidiendo. Se debe evitar dar órdenes o solicitar que se realicen acciones sin contexto o sentido.

Por ejemplo una tarea destinada a estudiantes de secundaria no mayores a 20 años podría comenzar así: "Tu madre te pide que..." dado que es habitual indagar en la relación entre los estudiantes y sus padres. Sin embargo, si la tarea está destinada a adultos de 55 años o más, este comienzo sería peligroso, ya que es altamente probable que la madre haya fallecido y la situación propuesta no solo sería inválida, sino emocionalmente dolorosa, algo que debe ser evitado en todos los casos.

Las instrucciones que involucran al usuario en la tarea son las que más rinden ya que el individuo pone foco en el objetivo puntual y no en una lista de acciones a ejecutar.

La elección de cada palabra es relevante. Incluir una sola palabra que se muestra en la pantalla puede ser determinante para que un usuario cumpla o no con una tarea. En la mayoría de los casos lo mejor es describir el concepto evitando el término utilizado por el sitio en la pantalla y sus sinónimos, pero esto no siempre es posible por múltiples razones. Por ejemplo, si un sitio ofrece un servicio telefónico bajo la denominación "Caller ID", mejor que poner "captor" o "identificador de llamadas" es incluir en la redacción "un servicio para conocer el número que llama a tu teléfono".

El tono, la definición de cómo tratar a los usuarios: de vos, de tú o de usted, la sintaxis, el armado de las frases, todos estos factores influyen en el éxito de la ejecución de la tarea. Es vital que la redacción sea impecable para cada tarea y consistente a lo largo de todo el test.

Una vez preparado el script, se deben imprimir las instrucciones de cada tarea para el usuario en fichas por separado, cada una en una hoja independiente, absolutamente blanca, con letra grande y clara. Durante el test, el moderador luego de leer la tarea, pondrá a disposición del usuario la ficha, dado que el objetivo es testear la interfaz del sitio, no la memoria del usuario.

Bienvenida y preparativos

Como parte del script se debe incluir un texto de bienvenida, que explique la mecánica del test, sus objetivos y que explícitamente deje en claro el destino del material recogido durante la prueba. Esta bienvenida también debe ser idéntica para todos los usuarios, evitando generar sesgo al realizar un comentario adicional o brindar una información que impacte sobre la realización de alguna tarea.

Además, es importante incluir en el script una lista de todos los chequeos a realizar previos a la realización de cada test. Todos los test deben tener como punto de partida un estado conocido y eso implica en general borrar historiales, configurar la pantalla, reiniciar sistemas, entre muchos otros.

A continuación, un ejemplo de tareas preparatorias y bienvenidas de un test con usuarios:

Tareas preparatorias

Antes de la realización de cada test, y con el fin de garantizar exactamente las mismas condiciones iniciales para cada uno de los usuarios, se llevarán adelante las siguientes tareas:

- Verificar que la Home Page de todos los navegadores es una página en blanco (about:blank).
- Borrar la historia del navegador.
- Borrar el caché.
- Borrar Marcadores.
- Verificar que el administrador de contraseñas está totalmente deshabilitado.

Bienvenida

Buenos días, mi nombre es __________ __________, y en primer lugar quiero agradecerle por haber aceptado nuestra invitación.

Nosotros formamos parte del equipo de trabajo que está diseñando y trabajando en los contenidos del sitio Web de __*Nombre de la organización*__.

Antes de comenzar quiero comentarle que esto no es un examen, ni una prueba de sus habilidades, sino solamente una prueba de la facilidad de uso del sitio. Nosotros sabemos que este sitio Web tienen aspectos a mejorar, por lo que es natural que usted al usarlo se tope con ellos, lo que puede generarle dificultades en la navegación. Al contrario de lo que podría parecer, eso no solo no es inconveniente, sino que es el fin de esta tarea, encontrar los puntos débiles para poder corregirlos.

Con respecto a la prueba, es muy sencilla. Le vamos a proponer algunas tareas que usted realizará tal como lo haría en su casa o en su trabajo, con una sola diferencia, le pediremos que nos cuente en voz alta por qué hace cada cosa: por qué clickeó sobre un vínculo, por qué abandonó una página, por qué seleccionó una opción en un menú. Navegar como siempre, pero pensando en voz alta. Nosotros no vamos ni a ayudarlo ni a interrumpirlo.

Como puede ver estamos grabando, pero no se preocupe, es sólo para uso interno, con el fin de poder luego analizar el test y verificar algún otro dato.

Al término de la prueba le pediremos que llene un formulario con algunas preguntas, que como todo este trabajo, se mantendrá anónimo.

¿Alguna pregunta antes de comenzar?

Desarrollo de los test

Por más cuidado que se tenga, por más aclaraciones y explicaciones que se den, los usuarios se estresan con los test, sobre todo cuando no consiguen terminar dos o tres tareas sucesivas, algo que por la propia naturaleza de los test ocurre con frecuencia. Por lo tanto es recomendable que las pruebas tengan **una duración máxima de 30 a 35 minutos** para la ejecución de las tareas, lo que habitualmente implica un máximo de 20 tareas. A ello se suman 10 a 15 minutos de la bienvenida y el cierre, lo que da un paquete total levemente por debajo de la hora de duración.

Cuando los test se extienden más de este tiempo la calidad de los resultados comienza a bajar. Los usuarios se cansan, se distraen, se focalizan en lo accesorio y no en lo relevante, con lo que el conjunto del test se aparta de su objetivo. Si los problemas a testear exceden las 20 tareas o el test se extiende más de 30 minutos, será necesario dividir las tareas en dos scripts y agendar con dos grupos de usuarios para completar el conjunto del estudio.

Durante la prueba, el moderador debe en primer lugar hacerla avanzar, leyendo una a una las tareas. Es su responsabilidad atender los requerimientos del usuario, cuidando de no ayudarlo o asistirlo en la ejecución de las tareas propuestas. Lo mejor en este caso es evitar las respuestas tajantes del tipo "no le puedo decir nada" o las expresiones de secreto. Es más conveniente contestar con respuestas genéricas, muy ambiguas, pero de tono positivo, lo más lejos posible de la solución de la tarea, como por ejemplo "Haga lo que haría en su casa" o "navegue con tranquilidad, tenemos tiempo". En ningún caso se debe caer en la descortesía de no responder y si realmente no es posible revertir educadamente la curiosidad de un usuario, entonces lo que corresponde es anular la validez de su test.

Es responsabilidad del moderador que los usuarios piensen en voz alta. La utilidad de un test mudo es significativamente menor que la de un usuario que explica qué hace y por qué lo hace. Muchos usuarios adoptan el método de pensar en voz alta con naturalidad. A los otros, el moderador debe una y otra vez pedirles que expliquen qué están haciendo.

El moderador debe tomar nota en el momento mismo del desarrollo del test de los elementos importantes que percibe. Después del tercer test sobre las mismas pantallas y con el mismo script, las imágenes se comienzan a mezclar en la memoria y se hace muy difícil hacer un racconto detallado de los hallazgos relevantes. Esta labor es tan vital que es usual incluir a un profesional adicional para realizarla, quien permanece en silencio absoluto durante la evolución del test. De todos modos, cada persona que se incluye en la sala en la que se realiza la prueba agrega estrés, por lo que la decisión debe ser valorada en cada caso, muchas veces en función de la experiencia del moderador y su habilidad para hacer varias cosas a la vez.

Es muy importante recordar en todo momento que el test es una técnica cualitativa: lo que importa es lo que el moderador y otros especialistas concluyan a partir de las propias pruebas y las grabaciones. Cuando se percibe que un usuario no completará una tarea, ya alcanza. El moderador debe detenerlo delicadamente, indicándole que para esa tarea ya es suficiente, intentando en lo posible evitar referirse a si la tarea fue o no cumplida. Proteger a los usuarios, cuidar con esmero que no sientan que fracasaron, es una prioridad entre las responsabilidades del moderador. Forzar a los usuarios a repetir una y otra vez los errores no solamente no tiene valor alguno para el test, es además una actitud de mal gusto.

Los resultados de un Test con Usuarios

El entregable más común para los test con usuarios es un informe que detalla las conclusiones a las que se arribó. Si decide preparar un informe, probablemente estas recomendaciones le resulten útiles:

- **Breve**: cuanto más largo es el informe, menos personas lo leerán. Intente que el informe se mantenga lo más breve posible.

- **Lo más importante primero**: incluya al principio un resumen de las conclusiones, con un párrafo explicativo para cada una, de modo que quien lea solo una o dos páginas del informe tenga alta probabilidad de encontrar lo más relevante.
- **Acuérdese de lo bueno**: es común toparse con informes que sólo hablan de cosas malas. Un buen informe habla por igual de las cosas buenas y las malas, esto es no solamente más correcto sino que aumenta la protección sobre los logros del sitio, focalizando las modificaciones sobre lo que es necesario cambiar.
- **Atómico**: incluya uno a uno los problemas, por separado. Evite una redacción larga en la que los hallazgos se presentan "novelados". Si va a proponer soluciones, entonces lo mejor es incorporar la solución a continuación del problema, para que sea evidente la relación entre el hallazgo y la recomendación.
- **Hable de la Metodología**: describa brevemente la metodología, explicando a su cliente qué hizo y en qué fundamentos teóricos se apoya. Evite entregar informes cuyas conclusiones parecen provenir de la nada. Incluya en un anexo los scripts y otros materiales.

También es habitual entregar al cliente como parte de los resultados las filmaciones de los test. A pesar de que lo más común es que los clientes no miren las grabaciones, si usted se comprometió a guardar la identidad de los testeados tenga en cuenta dejar en claro a su contraparte que debe respetar este compromiso, o elimine de las filmaciones las caras, nombres y otros datos personales de los usuarios antes de entregarlos.

Sensibilización: clips y participación del cliente

Los test tienen un rol sensibilizador muy fuerte con respecto a la Usabilidad, además de su rol principal en el descubrimiento de problemas y soluciones para la mejora de las interfaces.

Hay que ser muy obcecado para no reconocer los problemas cuando se mira a un usuario tras otro fracasar en el cumplimiento de una tarea. Lo mismo vale al revés: es muy difícil criticar un elemento de la interfaz que los usuarios interpretan rápidamente y utilizan con éxito una y otra vez.

Una herramienta muy útil para la sensibilización es la preparación de un clip de video, de 2 a 3 minutos, que ilustre un problema, una solución, un hallazgo. Un clip de video, videoclip o clip a secas, es un video corto que reúne pasajes ilustrativos de los test, elegidos ya sea porque muestran un punto clave en el test, porque un usuario expresa un comentario particularmente útil o porque creemos que esa parte es fuertemente ilustrativa de lo que el test con usuarios nos está mostrando. Una duración de no más de tres minutos es ideal.

Hay que ser muy obcecado para no reconocer los problemas cuando se mira a un usuario tras otro fracasar en el cumplimiento de una tarea. Lo mismo vale al revés: es muy difícil criticar un elemento de la interfaz que los usuarios interpretan rápidamente y utilizan con éxito una y otra vez.

En general, mostrar varios usuarios en el mismo punto de una tarea suele ser un formato muy útil para pensar un clip. También lo es un usuario que al realizar una tarea explica con mucha claridad los problemas que percibe o la interpretación que hace de lo que ve en la pantalla.

Agregar subtitulado de lo que dicen los usuarios y una brevísima introducción con una explicación de la tarea que se observa en el clip, hacen que el video pueda ser difundido fuera del ámbito específico del equipo que trabaja en los test y su contraparte, tanto a los desarrolladores, a la dirección de la organización, como a otros públicos relevantes.

Con el objetivo de sensibilizar al equipo de trabajo del cliente acerca de la importancia de la Usabilidad, es muy productivo invitar a miembros de la contraparte, desarrolladores o gerentes a presenciar los test en vivo. Siempre de a uno por vez, siempre con un ruego especial de no participar y mantenerse en silencio, presenciar en vivo y en directo los test les permite acceder de primera mano a todo el trabajo previo y el cuidado profesional que se pone en los mismos, reivindicando la validez de la metodología y la certeza de sus resultados. Asimismo les permite escuchar sin intermediarios lo que manifiestan los usuarios, incluidos muchas veces insultos, quejas y expresiones de enojo.

En nuestra experiencia, los clips y la invitación a presenciar los test en vivo son herramientas de enorme utilidad en la promoción de la importancia del trabajo sistemático y profesional en Usabilidad. El retorno supera siempre con creces el tiempo invertido.

Test sobre papel y prototipos

Los test con usuarios presentan en muchos casos una limitación importante: si el objetivo es probar una solución a construir, se requiere construirla para testearla. En este caso una metodología realmente valiosa debería aportar sus hallazgos y conclusiones antes de construir la solución objeto del estudio.

En estos casos se realizan test sobre prototipos más o menos funcionales o directamente sobre prototipos de papel. En contra de lo que dicta el primer impulso, si los test se preparan con cuidado, los resultados son tan buenos como cuando se realizan sobre el propio sitio Web. Son muy pocos los elementos de interfaz para los que no se encuentra una solución que los evalúe en profundidad.

En particular, los prototipos de papel[27] son muy pero muy económicos, extremadamente versátiles y muy efectivos en muchos casos, especialmente para el testeo de formularios. Dado que los formularios son el principal candidato para

27 Por una referencia completa y detallada sobre test en prototipos de papel: "Paper Prototyping: The Fast and Easy Way to Design and Refine User Interfaces" de Carolyn Snyder.

los test con usuarios, su utilización es recomendada en un abanico muy importante de situaciones.

Lamentablemente, los clientes suelen tener una idea equivocada de la validez y utilidad de los test sobre prototipos, con una prevención particular hacia lo que se puede obtener de un test realizado en papel. Eso los obliga a invertir en test más costosos y procesos más lentos. Ojalá algún día consigamos revertir esta situación.

Card Sorting

Cuando el universo de información que abarca un sitio Web crece, la creación de una taxonomía de categorías sólida y consistente se vuelve una tarea particularmente difícil. A ello se suma el problema de generar etiquetas de fácil comprensión para todos los usuarios potenciales sin introducir ambigüedad. Es en estos casos en los que se torna útil el Card Sorting ("ordenar tarjetas", casi textualmente).

La técnica del Card Sorting es muy sencilla de aplicar y se compone de los siguientes elementos:

- **Se define un conjunto de conceptos o categorías básicas** que describen completamente el contenido del sitio. Se pueden asimilar a las opciones a incluir en el árbol de menús.

  Si bien cada caso particular impone sus propias reglas, en nuestra experiencia hemos recogido algunas características para este conjunto inicial:

  - **Todos los conceptos deben tener el mismo nivel de profundidad.** Es muy importante en este caso que la granularidad sea lo más homogénea posible.

    25 a 30 conceptos es el óptimo. 100 conceptos es un máximo aceptable. Con más, el Card Sorting se vuelve muy engorroso y largo para los usuarios, y la calidad de los resultados decae.

- **Hay que ser cuidadoso en la cobertura**, verificando que el conjunto de conceptos cubre todo el universo de información y no solo la parte de más tráfico o la más interesante, pero dejando fuera áreas del sitio que luego serán muy duras de clasificar.

- **Con cada concepto se prepara una tarjeta**, que contiene la etiqueta que describe al concepto. Lo ideal es que las tarjetas no contengan ningún otro texto que el de la etiqueta, y que ésta sea bien grande. Las tarjetas se numeran en la parte de atrás para poder registrar fácilmente las opciones de los usuarios.

  En algunos casos es necesario agregar debajo de la etiqueta una breve explicación, a modo de ayuda. Esta es una decisión a tomar caso a caso, porque naturalmente agregar explicaciones puede generar sesgo en los resultados. Sin embargo, hay situaciones donde marcas propias, terminología legal o alguna otra restricción externa hacen obligatorio el uso de determinadas etiquetas, y para que el trabajo de Card Sorting tenga utilidad se hace imprescindible ayudar a los usuarios.

- **Se le pide al usuario que agrupe las tarjetas en conjuntos** que tengan para él una fuerte unidad lógica. Esto se puede hacer de dos formas:

  - **Card Sorting Abierto**: no hay grupos predefinidos y el usuario puede agrupar libremente las tarjetas. Es apropiado para **generar** taxonomías o **descubrir** relaciones, ya que es el propio usuario el que propone las conexiones desde cero. Una recomendación importante es poner un número máximo de grupos, ya que en caso contrario el usuario tiende a crear grupos de una o dos tarjetas para aquellos conceptos que no sabe cómo agrupar, evitando hacer el esfuerzo de asociación más dificultoso, que es precisamente el que a nosotros más nos interesa.

    En el caso del Card Sorting Abierto, se le pide a cada usuario cuando finaliza la prueba que le ponga un nombre a cada grupo, tanto para entender la lógica de la agrupación como para recoger ideas de posibles etiquetas para las categorías.

- **Card Sorting Cerrado**: las tarjetas se agrupan sobre una estructura predefinida, candidata a ser la base de la taxonomía. Se le pide al usuario que elija para cada tarjeta la categoría que le parezca más adecuada. Es apropiado para evaluar y validar decisiones de arquitectura de la información.

- **Se documentan las decisiones de cada usuario**, para poder realizar la evaluación final cuando termine el trabajo de campo.

Si bien el moderador debe solamente explicar el trabajo, siendo inclusive recomendable dejar al usuario solo en la habitación para que trabaje cómodo, con una buena silla y una mesa amplia para distribuir las tarjetas, así como lápiz y papel por si precisa anotar algo, es también recomendable intercambiar algunas ideas una vez que finalizó, intentando entender los criterios que utilizó, alguna idea importante o eventualmente alguna característica del participante que pueda generar un sesgo no deseado.

La cantidad de usuarios necesarios para obtener resultados válidos es un tema de discusión, aún abierto. Algunas premisas válidas al respecto[28]:

- Para analizar el mismo problema, el Card Sorting abierto requiere más usuarios que el cerrado.
- En general, un mínimo de 15 usuarios es un valor que debería ser respetado en cualquier caso.
- La cantidad de usuarios debe aumentar si aumenta significativamente la cantidad de tarjetas.

El análisis de los resultados no es lineal y depende de qué estemos buscando. Otra vez, es más fácil si el Card Sorting es cerrado que si es abierto. En el primero se valida el porcentaje de usuarios que "acertaron" a colocar las tarjetas

28 Por una referencia amplia de opiniones al respecto de la cantidad de usuarios para un Card Sorting, ver el artículo sobre Card Sorting en el Usability Body of Knowledge, de la Usability Professionals' Association en http://www.usabilitybok.org/methods/card-sorting?section=how-to.

donde nosotros esperábamos. En el segundo el análisis requiere una tarea más paciente que implica mirar los datos de una forma y de otra, tratando de descubrir patrones, repetición, coincidencia y otras ideas útiles a la hora de tomar la decisión definitiva sobre la taxonomía.

A diferencia del Test de Usuarios y del Análisis Heurístico, el Card Sorting es menos contundente en sus hallazgos y definiciones. En nuestra experiencia, un 60% de coincidencia entre los usuarios es un buen resultado y un 80% es un tope casi imposible de superar.

Otras herramientas de evaluación de Usabilidad

Las necesidades de evaluación de la Usabilidad de una aplicación varían sensiblemente en función de las características de la propia aplicación. Factores como frecuencia de uso, contexto de uso, abanico de tareas a desarrollar, variedad de los perfiles y tipos de usuario y amplitud del universo de información son las fuentes principales de estas diferencias.

Mientras que un sitio empresarial clásico tiene una frecuencia de uso ocasional, se visita dentro de un navegador en el proceso habitual de navegación en la Web, informa sobre productos, otras características de la empresa y formas de contacto, y abarca algunas decenas de páginas, un sistema operativo es utilizado a diario durante muchas horas por millones de personas, el uso se da en condiciones y dispositivos que varían sensiblemente de unos a otros, las tareas son imprevisibles ya que ni siquiera están definidas completamente al momento del diseño y el universo de información es inconmensurable. No solo los requisitos de diseño de la interacción varían de uno a otro, las necesidades de evaluación son también más extensas y exigentes en la segunda que en la primera.

Si bien una descripción detallada de estos métodos de evaluación excede el alcance del presente libro, expondremos algunos de ellos como ejemplo y punto de partida para aquellos que deseen continuar con un estudio más profundo. Si ese es el objetivo, el principio obligado es el libro de **Jef Raskin The Human Interface**[29], donde presenta en detalle los principios de diseño de interfaces y los métodos de evaluación, así como una batería amplia de ideas y conceptos aún hoy revolucionarios.

Ley de Fitts

Un libro de Usabilidad que se precie debe incluir una explicación de la Ley de Fitts, así que aquí vamos. Es más, debe explicar que en inglés, a pesar de que el nombre correcto es Fitts's Law, habitualmente se la conoce como Fitts' Law. Cumplido.

Si bien puede ser expresada en una forma más genérica (de hecho fue propuesta en 1954 mucho antes de la aparición de las interfaces gráficas) para la evaluación de una interfaz podemos redactar la Ley de Fitts de la siguiente forma: el tiempo para mover rápidamente el puntero de forma exitosa de un lugar a otro de la pantalla depende de dos elementos:

- **La distancia** entre la posición actual del puntero y el destino.
- **El tamaño** del destino.

La consecuencia inmediata de la Ley de Fitts es que los botones y otros elementos clickeables son más fáciles de usar si son más grandes. También que una secuencia de acciones que se debe realizar con el puntero es más fácil de realizar si los distintos objetivos a clickear están más cerca unos de otros.

29 The Human Interface. New Directions for Designing Interactive Systems - Jef Raskin - Addison-Wesley, 2000.

Desde el punto de vista de la aplicación de la Ley de Fitts, los bordes de la pantalla son un lugar particular: la dimensión que termina en el borde (ancho o alto según corresponda) puede ser considerada infinita, porque no es necesario que el usuario frene su movimiento para acertar en el objetivo. Un caso particular de esta observación lo constituyen las esquinas, que tienen tanto ancho como largo infinitos y por lo tanto son el destino más fácil de clickear[30].

La popularidad de la Ley de Fitts y su referencia obligada se debe a que constituyó un punto álgido en la discusión entre los diseñadores de Apple y Microsoft en defensa de sus respectivos sistemas operativos, Macintosh y Windows.

El tiempo para mover rápidamente el puntero de forma exitosa de un lugar a otro de la pantalla depende de dos elementos:

- **La distancia** entre la posición actual del puntero y el destino.
- **El tamaño** del destino.

El primero respetaba religiosamente la Ley de Fitts, y colocaba el menú siempre arriba, para que fuera más fácil de clickear. Lo hacía de una forma consistente: el menú no tiene borde ni arriba ni a los costados, lo que hace que las esquinas superiores formen parte del mismo, aprovechando su característica de lugar más fácil de clickear.

Por el contrario, Microsoft colocó el menú debajo de una barra superior que forma parte del marco de la ventana y ésta tiene borde, por lo que no aprovecha las ventajas que la Ley de Fitts muestra. Cuando lanzó Windows 95 el botón "Inicio", ubicado abajo a la izquierda tenía borde, por lo que la esquina inferior izquierda de la pantalla no estaba incluida en el botón, lo que reavivó la

30 En realidad si fuéramos a ser precisos, el destino más fácil de clickear es la posición actual del mouse. El punto es que es muy difícil darle un uso genérico útil al click "en cualquier lugar de la pantalla" para aprovechar esta ventaja. Un intento en esta dirección es el cuadro de propiedades que aparece al "pintar" texto en Word 2007.

vieja discusión con una andanada de críticas y burlas por parte de los acólitos de Apple.

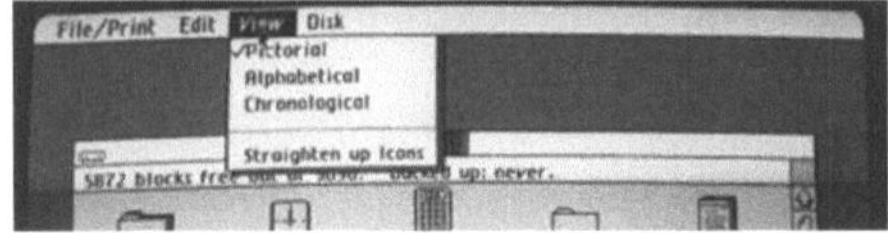

La interfaz de Lisa de Apple lanzada en enero de 1983, precursora de la Macintosh ya tenía el menú arriba de la barra de la ventana.

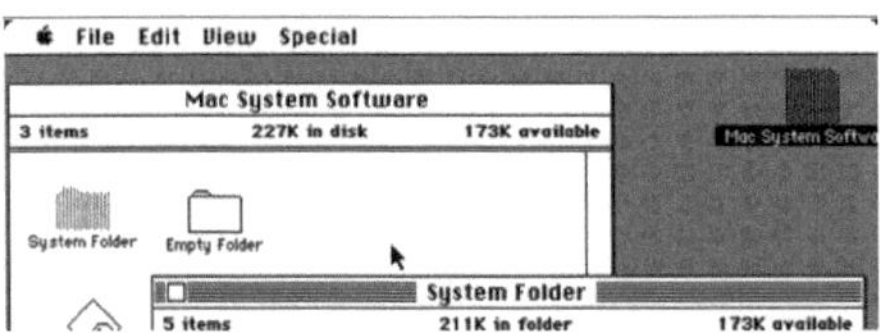

La versión 1.0 de Macintosh System de 1984, con el menú arriba y la ubicación privilegiada de la manzanita de Mac.

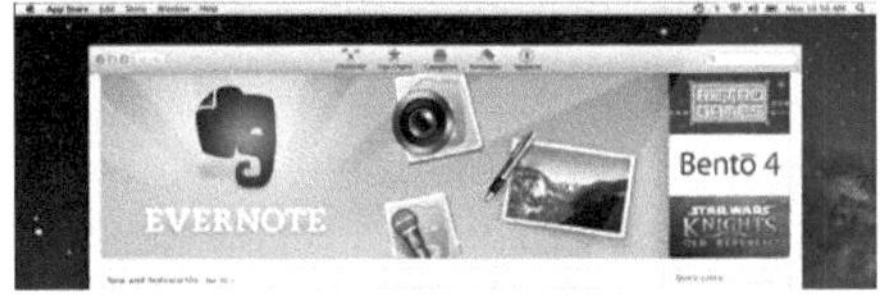

OS X Lion, la versión disponible en julio de 2011 para Mac, conserva la misma ubicación para el menú.

La versión 1.01 de Windows de 1985, traía el menú debajo de la barra de la ventana. Las esquinas no eran clickeables.

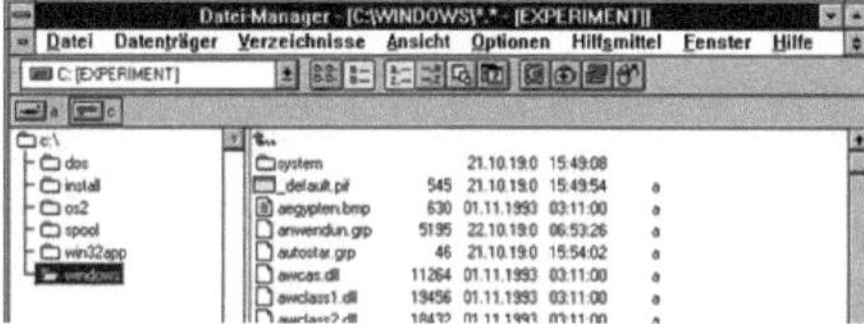

Windows 3.11, la versión que popularizó mundialmente a Windows, conserva el mismo diseño de menú y barra superior de la ventana.

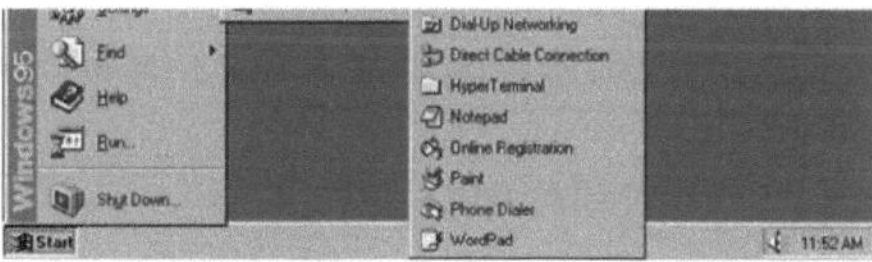

El botón del menú de inicio introducido con Windows 95 tiene borde y por lo tanto, la esquina no es clickeable.

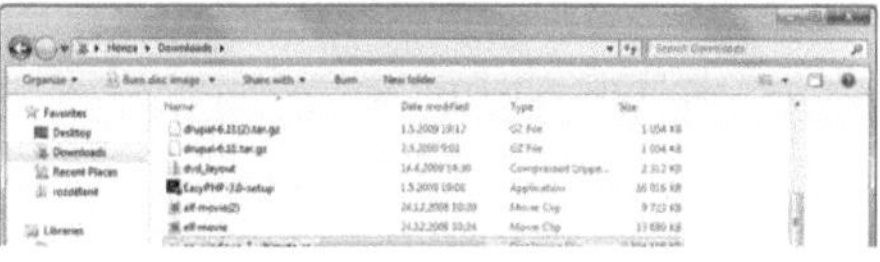

En la parte superior de la pantalla de Windows 7 todo sigue prácticamente igual, salvo que la esquina derecha ahora pertenece al botón cerrar ventana y la superior izquierda despliega el casi inútil menú de manejo de ventana.

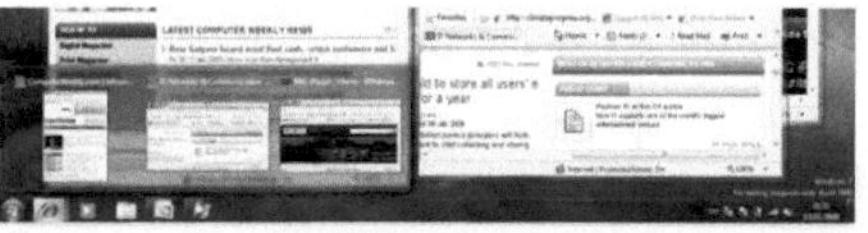

En la parte inferior de la pantalla de Windows 7 todo cambió: la esquina izquierda pertenece al botón inicio y clickear la esquina derecha trae al frente el escritorio. Los botones no tienen bordes.

La Ley de Hick

La Ley de Hick, también enunciada en la década del 50, indica que el tiempo que consume un individuo en elegir entre múltiples opciones no es lineal, sino que aumenta más cuanto más son las opciones. Es decir, si al pasar de 2 a 3 opciones el tiempo de decisión aumenta en un tiempo t, pasar de 3 a 4 opciones aumenta un tiempo T donde T es mayor que t, probablemente el doble. Traducido al español antiguo: agregar opciones es muy malo y esta es la justificación teórica de la Heurística 8: diseño minimalista y estética.

Agregar opciones no es apenas costoso, sino que **es muy costoso para el usuario**

La Ley de Hick fue enunciada en una forma más precisa que la que incluimos más arriba y en el caso de evaluación de interfaces se pueden hacer cálculos bastante precisos sobre el impacto de agregar una nueva opción. Para nuestro nivel de detalle podemos quedarnos con la máxima de que **agregar opciones** no es apenas costoso, sino que **es muy costoso para el usuario**.

Efectos de la curva de experiencia

Los usuarios son cada vez más eficientes cuando el uso de la interfaz es repetido. Este es un factor determinante para la decisión del tipo de interfaz a diseñar: sutil, sofisticada y personalizable para el uso intensivo. Directa, sin recovecos y un poco brutal para el uso ocasional o de única vez. La técnica del **descubrimiento progresivo** (progressive disclosure) permite escalonar los niveles de sofisticación y personalización, de modo que el usuario encuentre más funciones en la medida en que usa más la interfaz.

El estudio de los efectos de la curva de experiencia data de los albores de la industrialización masiva a finales del siglo XIX y tenía foco en el aumento de la productividad. El conocimiento en el tema es extenso y mucho de ello es aplicable a la productividad de una interfaz.

Un hecho a destacar es que habitualmente se confunde facilidad de aprendizaje con facilidad de uso y estos son conceptos bien distintos aunque fuertemente relacionados. Un alumno citó una vez en clase el ejemplo de los diccionarios en el envío de SMS con teclados numéricos: son en cierta medida difíciles de aprender a usar, por lo menos mucho más difíciles que apretar cada tecla una, dos o tres veces para obtener una letra. Pero el uso, después de aprenderlo, es más simple. La curva de experiencia también refleja teóricamente estas diferencias.

El resultado principal desde el punto de vista de las interfaces es que el incremento de la eficiencia es mayor al principio y decae con el tiempo. Un corolario de esta premisa es que el cambio en la interfaz es más costoso en facilidad de uso cuanto más entrenados estén los usuarios.

La curva de experiencia justifica la Heurística 4: Consistencia y estándares. Siempre es más fácil de usar lo que respeta lo aprendido fuera del sitio. Si además el uso es repetido, se genera una curva de aprendizaje que hace más fácil de usar lo que es internamente consistente. Si la aplicación es un sistema operativo, entonces las aplicaciones que corren en él se beneficiarán de respetar sus estándares.

Un caso muy interesante de competencia entre la ley de Hick y los efectos de la curva de aprendizaje lo constituyó la inclusión de los menús auto colapsables en Office.

La funcionalidad hacía que, sin que el usuario hiciera nada, se mostrara solamente un pequeño grupo de opciones iniciales con alta probabilidad de uso y las opciones que el usuario había utilizado alguna vez. El resto estaban ocultas y era necesario expandir el menú con un click para acceder a ellas.

De esta forma se minimiza la cantidad de opciones para elegir, lo que aumenta la facilidad de uso desde el punto de vista de la Ley de Hick.

Sin embargo, los menús de una suite de aplicaciones de uso tan intenso y reiterado como Office tienen una fuerte curva de aprendizaje, lo que hace que sea de mucha importancia que se mantengan siempre iguales, algo que la funcionalidad impedía: cada vez que el usuario utilizaba por primera vez una opción, el menú se auto-modificaba para incluirla. A esto se sumaba el esfuerzo de buscar una opción en una lista de opciones en la que estaba escondida.

Ganó el efecto de la curva de experiencia y los menús auto colapsables desaparecieron de la faz de la pantalla con la aparición de Office 2007.

KLM-GOMS Modelo del nivel de digitación (Keystroke Level Model)

El KLM fue introducido por Card, Moran y Newell en 1983 con el objetivo específico de disponer de un método cuantitativo para predecir teóricamente el tiempo en el que un usuario desarrollará una tarea de interfaz.

La idea es asignar un tiempo a las tareas atómicas[31]:

- **K**, presionar una tecla. De 0.08s a 1.20 segundos dependiendo de la práctica dactilográfica.
- **P**, señalar un objeto con el puntero. 1.10 segundos.
- **B**, apretar o soltar el botón del mouse. 0.10 segundos.
- **H**, pasar del teclado al mouse o viceversa. 0.40 segundos.
- **M**, Pensar. 1.10 segundos.
- **T(n)**, escribir n caracteres. n*K segundos.
- **W**, esperar la respuesta del sistema.

Ejemplos de actividades sencillas:

31 Tomado de Wikipedia. http://en.wikipedia.org/wiki/Keystroke-Level_Model

- **Clickear un botón:** señalar con el puntero (P), clickear (BB), lo que daría una secuencia PBB.
- **Llenar un campo con un año**: señalar con el puntero (P), clickear (BB), Pensar (M), pasar del mouse al teclado (H), digitar 4 teclas (KKKK) lo que daría una secuencia PBBMHKKK.
- **Corregir una letra al digitar**: Pensar (M), Borrar (K), Digitar (K) lo que daría una secuencia MKK.

Las actividades más complejas se elaboran de la misma forma a partir de actividades sencillas. Si bien es un poco engorroso, brinda la posibilidad de generar una aproximación a los tiempos de uso de determinados elementos de interfaz sin la necesidad, ni de construirlos, ni de realizar test de usuarios.

Las normas ISO relativas a la Usabilidad

La estandarización tiene un rol crucial en el desarrollo de ecosistemas tan complejos como Internet, ya que es la base para la **interoperabilidad.**

La interoperabilidad es la capacidad de las partes de los distintos sistemas de interactuar unas con otras libremente. Es muy fácil de entender si nos fijamos en las baterías: las pilas comunes (AA, AAA, C, D, etc.) son totalmente interoperables. No importa quién las fabrica, dónde o a quién se las compramos: nuestra radio, control remoto o linterna funcionarán correctamente con ellas. Por el contrario, las baterías para celulares no son estándar sino propietarias: cada celular funciona con una distinta y para hacerse de una hay que mirar bien quién la fabrica y a quién se la compramos: no son interoperables. **Los estándares son la quintaescencia de la interoperabilidad.**

En Internet hay diversas organizaciones que generan estándares que habilitan a la interoperabilidad, por ejemplo la Internet Engineering Task Force (www.ietf.org) mantiene un conjunto de estándares entre los que se cuentan todos los relativos al correo electrónico[32], la W3C (www.w3c.org) con todos los estándares relativos al HTML y su ecosistema, y la International Organization for Standardization (ISO) que mantiene una cantidad importante de estándares muy variados como por ejemplo los relativos a la calidad del software y al formato PDF.

La interoperabilidad es la capacidad de las partes de los distintos sistemas de interactuar unas con otras libremente. Es muy fácil de entender si nos fijamos en las baterías: las pilas comunes (AA, AAA, C, D, etc.) son totalmente interoperables. No importa quién las fabrica, dónde o a quién se las compramos: nuestra radio, control remoto o linterna funcionarán correctamente con ellas.

Los intentos de estandarización formal de la Usabilidad lamentablemente están bajo el paraguas de la ISO. Digo lamentablemente por varias razones:

- **Es la más cerrada de las organizaciones**. Mientras que en la IETF cualquier ciudadano del planeta puede poner un documento a discusión, la ISO es campo fértil para la lucha corporativa por transformar estándares propietarios en estándares de dominio público a imponer a los competidores.
- **Pone sus fines económicos por delante**. No es una empresa, pero vende los estándares e incluye una desagradable marca de agua para prevenir copias en cada página. Eso hace que casi nadie los conozca, que no se puedan difundir, enseñar o compartir libremente. En la otra vereda,

32 Siempre me admiró la estabilidad del conjunto de estándares del email. Entre ellos destaca el protocolo de intercambio de emails (SMTP – Simple Mail Transfer Protocol) cuya especificación aún rige el envío de cada mail que se envía por Internet y fue escrita en 1982 (RFC 821).

los estándares de accesibilidad que elabora la W3C[33] no sólo son excelentes, sino que tienen un sitio extremadamente útil, lleno de ejemplos, explicaciones y referencias que los hace muy populares en la comunidad.

- **Son un apéndice de las pautas de calidad de software**: tanto la calidad del software en general como la ecuación de la calidad final en función del tiempo/esfuerzo/dinero invertido en el desarrollo son temas de amplísimo estudio y extenso desarrollo teórico, metodológico y práctico. Pero poca utilidad tienen para evaluar la Usabilidad de la interfaz y la calidad de la interacción. ISO se equivoca al derivar la evaluación de Usabilidad a partir de la evaluación de la programación, seguridad y otras métricas clásicas de la calidad del software.

Debo aclarar que se trata de una opinión personal y que no es frecuente encontrar críticas a las normas ISO de Usabilidad. Hay que decir que en realidad no es frecuente encontrar opiniones sobre las normas ISO de Usabilidad, porque como no están disponibles públicamente, pocos las conocen. Referencias completas como las de Alberto Lacalle[34] o la que realizó el blog Más Que Accesibilidad[35], que proveen un panorama amplio y abarcativo de las normas de referencia, no incluyen siquiera un párrafo textual de las propias normas.

El pecado capital de la propuesta ISO es el tercero de los puntos citados, la transmisión mecánica de los elementos clásicos de la calidad del software a la evaluación de la Usabilidad. Todo **Pensar Primero**[36] está dedicado a mostrar que las metodologías del diseño de software no aplican al diseño de la interac-

33 Versión original en inglés: http://www.w3.org/TR/WCAG20/.
Versión traducida al español: http://www.codexexempla.org/traducciones/pautas-accesibilidad-contenido-web-2.0.htm.

34 Estándares y normas ISO de HCI, en http://albertolacalle.com/hci_estandares.htm.

35 Estándares ISO relacionados con la Usabilidad, en http://www.mqaccesibilidad.com/2007/02/estndares-iso-relacionados-con-la.html.

36 Pensar Primero. Sepa por qué los programadores le contestan "no se puede" cada vez que usted pide algo razonable y sencillo - Daniel Mordecki - Biblioteca Concreta, 2004.

ción, y cada día estoy más convencido de ello. Del mismo modo, los mecanismos para medir una no aplican a la otra.

Tomemos como ejemplo la siguiente métrica:

> "¿Qué proporción de funciones del producto el usuario es capaz de entender correctamente?"[37]

No solo no expresa correctamente atributo alguno de la Usabilidad de una interfaz sino que seguirla deteriora seriamente la probabilidad de tener una interfaz usable porque **atenta contra la priorización.**

Para comprenderlo, pensemos por ejemplo en dos versiones de un navegador exactamente iguales, excepto por dos funciones: en la primera versión del navegador es extremadamente difícil de entender cómo se clickea un vínculo. En la segunda es extremadamente difícil de entender cómo cambiar el color de fondo de los favoritos. Para ambos la proporción de funciones que el usuario es capaz de entender es la misma y por lo tanto según la métrica, son igual de usables. Pero como diría Don Verídico[38], *cualquier abombao sabe que la primera es pior.*

Las normas ISO invitan a des-priorizar la Usabilidad, y eso **es un atentado en contra de la facilidad de uso.**

Un aspecto que sería rápidamente corregido si las normas ISO fueran abiertas es el de la relación entre lo cuantitativo y lo cualitativo. En el apartado 8.3, la citada norma dice:

37 Norma ISO/IEC 9126-2:2003 editada por UNIT. Página 34.

38 Don Verídico es un personaje creado por el uruguayo Julio Cesar Castro, que relata situaciones inverosímiles con un humor campero, fresco y querible. Vaya nuestro pequeño homenaje. http://es.wikipedia.org/wiki/Julio_Cesar_Castro

> "Para resultados confiables es necesaria una muestra de al menos ocho usuarios, aunque puede obtenerse información útil de grupos más pequeños"[39]

La discusión que hace 20 años disparó Jakob Nielsen en torno a la valoración cualitativa de la Usabilidad en contraposición a la valoración cuantitativa no ha cesado aún y tiene partidarios y detractores, pero nadie confunde como lo hace ISO la una con la otra. Ocho usuarios no son una muestra con valor estadístico de nada si lo que se pretende es obtener métricas, es decir, valoraciones cuantitativas. Es un error muy burdo que cualquiera que haya asistido a un curso básico de probabilidad y estadística no cometería.

La comunidad de profesionales de Usabilidad tenemos una deuda en la estandarización de los criterios para construir y evaluar interfaces fáciles de usar. Es un desafío grande y complejo que sólo abordaremos con éxito si lo hacemos de la forma abierta y plural en que se construyen los estándares del siglo XXI.

La comunidad de profesionales de Usabilidad tenemos una deuda en la estandarización de los criterios para construir y evaluar interfaces fáciles de usar. Es un desafío grande y complejo que sólo abordaremos con éxito si lo hacemos de la forma abierta y plural en que se construyen los estándares del siglo XXI.

39 Norma ISO/IEC 9126-2:2003 editada por UNIT. Página 30.

CAPÍTULO 5

"La carta que he escrito hoy es más larga que lo habitual porque no tuve tiempo de hacerla más corta"

Blaise Pascal[40]

Redactar para la Web

Cada medio tiene su lenguaje

Ningún medio de comunicación tiene una ley inflexible que determine cómo se generan contenidos de calidad. Es que la comunicación no es una "ciencia dura" y por tanto no tiene ni teoremas, ni axiomas, ni estructuras formales estrictas que separen lo bueno de lo malo. Pero ello no inhibe a cada medio de comunicación de tener sus reglas y pautas, lineamientos que indican cómo generar contenidos de calidad. Luego cada autor utiliza estas pautas a su favor, según su mejor saber y entender. En algunos casos, respetándolas a rajatabla. En otros, traspasando las fronteras de las recomendaciones a la búsqueda de efectos distintos, resultados innovadores. En la mayoría de los casos, respetando algunos e ignorando otros.

Es interesante hacer notar que los lineamientos para algunos medios y formatos son ancestrales. La tragedia y la comedia nacieron en Grecia hace más de dos mil años. Su estructura básica data de aquella época y ha evolucionado sobre esa base, con la creación de incontables obras, que dan vida a una multiplicidad de escuelas teatrales. Quien hace un curso para escribir una tragedia o una comedia, no espera un manual del perfecto escritor, pero sí espera el resumen del conocimiento milenario que actores, directores y autores han acuñado a lo largo de los siglos. Es que desde Grecia hasta hoy el teatro sigue teniendo, como medio de comunicación, un corazón de características estables: público reducido, presencia en vivo de los actores, duración de una o dos horas, una historia que comienza, se desarrolla y termina en la misma presentación, entre otros. Esto impone determinadas restricciones y posibilidades comunicacionales en la relación público / actor / autor que son en definitiva las

40 Blaise Pascal fue un matemático, físico y filósofo francés que vivió en el siglo XVII. Fue el inventor de una de las primeras calculadoras mecánicas, denominada "Pascalina" y enunció el Principio de Pascal sobre la distribución de la presión en los fluidos. No confundir con el Maestro Pascal.

que dan origen a través de la experiencia acumulada, a las pautas y lineamientos.

La Web no escapa a estos condicionamientos. La forma en que se utiliza, las características técnicas del medio y el tipo de información que comunica determinan un formato de interacción de los internautas con el medio. Es precisamente en este formato de interacción en el que se pueden encontrar patrones comunes de comportamiento. Dicho en otras palabras, existen comportamientos esperables, formas de actuar altamente probables en los visitantes. A pesar de lo joven de la Web en comparación con otros medios, es posible determinar un cuerpo de lineamientos que permiten aprovechar estos comportamientos esperables de los futuros visitantes de nuestro sitio. Cada autor, tal como dijimos más arriba, hará un uso consciente y creativo de estos lineamientos. Claro que para ello debe conocerlos.

Cómo leen los internautas

Empecinadas en contra del sentido común, las pruebas de campo reafirman una y otra vez que los internautas navegan por la Web de una forma muy poco sensata y racional. **Prácticamente no leen, dejan casi todo por la mitad, no ven lo que está delante de sus narices** y pierden muchísimo tiempo explorando opciones que no tienen nada que ver con lo que buscan, por la sencilla y única razón de que no dedicaron un segundo más a pensar si les convenía o no clickear un link.

Esta constatación aparece de diversas formas en distintos estudios. Desde el punto de vista de Steve Krug[41], los usuarios navegan a los tumbos, dándose golpes contra una y otra cosa hasta que encuentran lo que quieren. Según J.

41 Don't Make Me Think - Steve Krug - New Riders, Indianápolis, USA, 2000.

Morkes y J. Nielsen[42], los usuarios no leen sino que ojean, miran superficialmente, escudriñan (en inglés *to scan*), repasan las páginas con la mirada. Tal vez la investigación más interesante sea la que propone un paralelismo entre las actividades de caza de los grandes depredadores y la "caza de información" que los humanos realizamos frente a un flujo de información proveniente de un medio de comunicación, realizada por Peter Pirolli y Stuart K. Card en 1993[43].

Según los autores, cada pieza de información podría asimilarse a una posible presa de caza y buscarla se equipara al proceso de cazarla. Para dar cada paso, el cazador pondrá en la balanza el esfuerzo para atraparla, la probabilidad de fracasar, el beneficio esperado al obtenerla y el hambre acumulado, generando una compleja ecuación que se ejecuta en instantes y de forma casi inconsciente para intentar determinar la mejor decisión a tomar. Lo distintivo y relevante es que no se trata de una estrategia de mediano o largo plazo implementada con pequeñas acciones alineadas con el objetivo, sino de **una serie de micro-decisiones desconectadas**, movidas por un incentivo poderoso: el hambre.

Empecinadas en contra del sentido común, las pruebas de campo reafirman una y otra vez que los internautas navegan por la Web de una forma muy poco sensata y racional. **Prácticamente no leen, dejan casi todo por la mitad, no ven lo que está delante de sus narices** y pierden muchísimo tiempo explorando opciones que no tienen nada que ver con lo que buscan, por la sencilla y única razón de que no dedicaron un segundo más a pensar si les convenía o no clickear un link.

42 Concise, SCANNABLE, and Objective: How to Write for the Web - John Morkes and Jakob Nielsen - http://www.useit.com/papers/webwriting/writing.html, 1997.

43 Information Foraging - Peter Pirolli and Stuart K Card - http://www2.parc.com/istl/projects/uir/pubs/items/UIR-1999-05-Pirolli-Report-InfoForaging.pdf, 1993.

Una leona decide en fracciones de segundo si es mejor atacar a una cebra vieja y de carne dura pero presa fácil que a un macho joven, de carnes más tentadoras pero presa más difícil. Una vez pasada esta decisión, la próxima no tendrá otra relación con la anterior que intentar satisfacer el objetivo "hambre". Pirolli y Stuart afirman que en el proceso de buscar en grandes universos de información los humanos decidimos los distintos caminos de búsqueda, recuperación y consumo de la información entre las diversas opciones y posibilidades que se nos ofrecen siguiendo este modelo. Es lo que en estrategia se denomina **estrategias emergentes**, aquellas donde las micro-decisiones no están incluidas en un gran proyecto maestro plasmado en un diagrama de Gantt que estudia dependencias, relaciones, caminos críticos e hitos, garantizando la coherencia recíproca entre los micro-componentes y la mejor relación costo beneficio, sino que la alineación surge de la práctica en base a la fuerza de un objetivo claramente establecido y la economía surge de la elección óptima en cada decisión.

El hecho de que el abordaje sea irracional y desestructurado da por tierra con la concepción de que los usuarios navegarán el sitio con un orden preestablecido y en base a un plan. Los usuarios olfatearán pistas, escudriñarán huellas, percibirán rastros y reaccionarán inmediatamente a un estímulo, sin más trámite que hacer click. No se detendrán a cuestionarse si el próximo estímulo será mejor o peor que este.

> El arte de escribir para la Web no es el arte de crear contenidos para nuestros lectores, sino todo lo contrario, el arte de escribir para alguien deseoso de no-leer.

Los visitantes de nuestros sitios los recorren como si estuvieran en uno de esos videojuegos de carreras de autos, donde quedan unos segundos para llegar a una meta que nos dará 10 o 15 segundos más de vida para llegar a la próxima meta. La consecuencia es que el primer link que encuentran, del que perciben que tendrá alguna remota probabilidad de proporcionar algún contenido cercano a lo que están buscando, será clickeado sin más análisis. No es sensato, no tiene sentido, parece increíble, pero la experiencia práctica y la investigación sistemática refuerzan este hallazgo una y otra vez. **El arte de escribir para la Web no es el arte de crear contenidos para nuestros lectores, sino todo lo contrario, el arte de escribir para alguien deseoso de no-leer.**

Mapas de calor

Una técnica de amplia utilización para el estudio del comportamiento de los usuarios al leer la pantalla, es la técnica de eye-tracking (literalmente "seguimiento de los ojos"). Con un equipo capaz de registrar el punto de la pantalla que el usuario mira en cada instante, se realiza un test y se graba la sesión. La superposición de los registros de los puntos de atención de los distintos usuarios sobre la pantalla generan lo que se conoce como mapa de calor, donde a la imagen original se le superponen áreas de color indicando la frecuencia y la intensidad con la que los usuarios fijaron su atención, en una gama en la que rojo intenso significa mucha frecuencia e intensidad, es decir "muy caliente", hasta el azul o gris que significa casi nada de atención o "muy frío".

Se muestran a continuación 6 imágenes de trabajos distintos y separados de eye-tracking tomados de una búsqueda en Google Images. Todos los trabajos toman como objeto de estudio la página de resultados de Google y son independientes uno del otro.

No importa cuál de los estudios se considere, hay algunas características que se repite en todos con mucha intensidad, ya que los mapas de calor dejan bien claro lo que los usuarios leyeron:

- algunas palabras salteadas, preferiblemente de la izquierda.
- algunos renglones salteados, preferiblemente de arriba de la página.

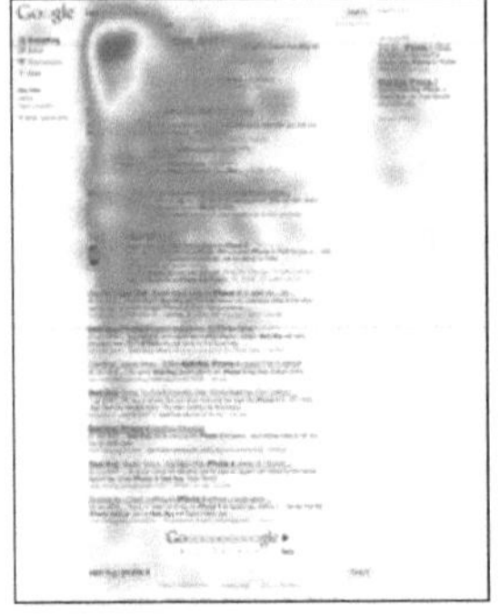

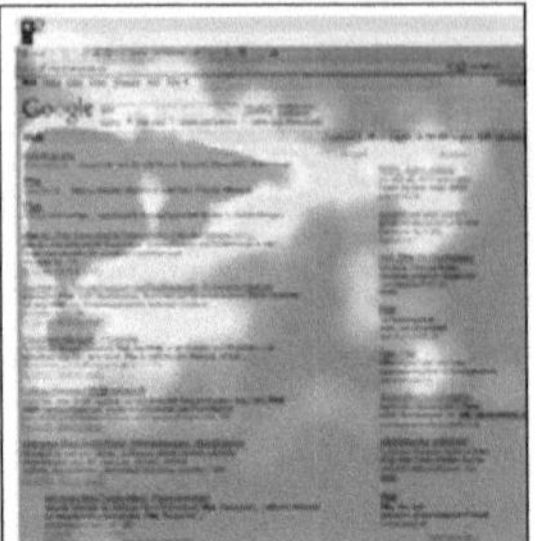

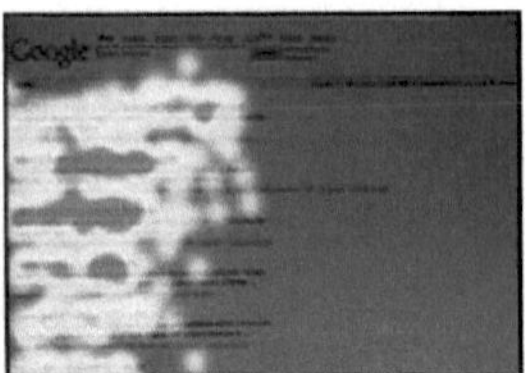

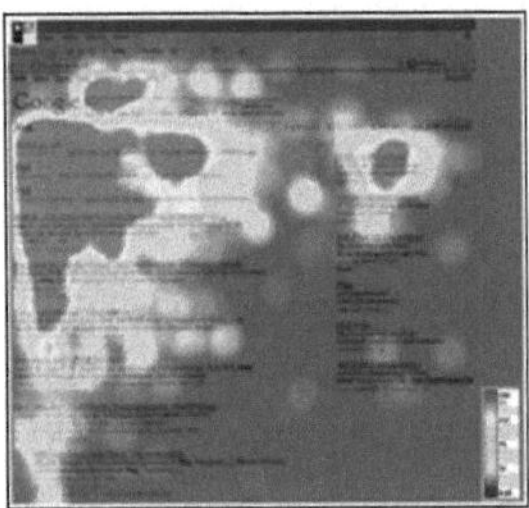

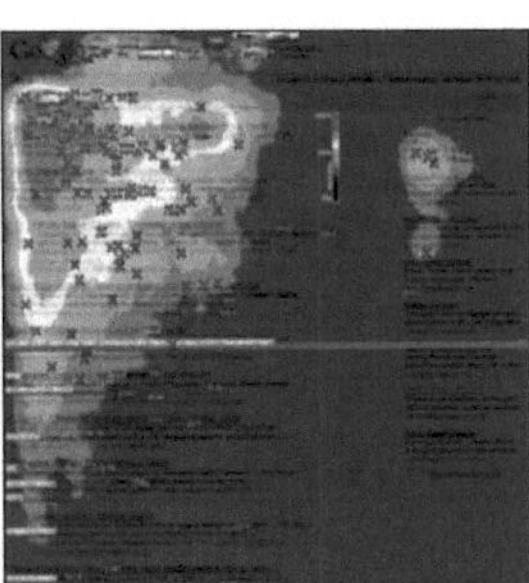

No solo en estos mapas de calor es raro encontrar un área caliente que abarque un párrafo completo de tres o cuatro renglones, es una constante de los resultados de todos los estudios en todos los sitios. Es que **los usuarios tienen una actitud declarada y militante de NO LECTURA**, y eso hace que su mirada salte impaciente de un estímulo al siguiente en una sucesión vertiginosa. Los mapas de calor son una muestra muy clara de este comportamiento.

Algunas consecuencias de la forma de lectura en la Web

Del conocimiento que se tiene de la forma en que los navegantes leen en la Web, pueden extraerse una serie de conclusiones:

- **Escribir de forma simple, directa** - Los visitantes esperan encontrar la información que buscan sin recovecos ni filigranas. La forma simple y directa es la preferida, y dentro de los tonos, un toque de informalidad es adecuado para la Web.
- **Esperar es desagradable (muy desagradable)** - Nada que haga esperar a un usuario será bienvenido. Prácticamente no hay recompensa que haga válida una espera. La más tentadora promesa será desechada sin piedad si implica una espera, aunque ésta sea aparentemente pequeña y justificable.
- **Las guías convencionales de buena redacción son buenas** - Organizar cuidadosamente la información, utilizar un vocabulario adecuado a la audiencia esperada, titular correctamente, limitar cada párrafo a una idea, proveer una cantidad adecuada de información, son todas normas tradicionales que garantizan una calidad aceptable para los contenidos de las páginas Web.
- **Los usuarios quieren buscar** - Buscar es una forma rápida de recorrer el contenido sin mirarlo. Ya sea utilizando buscadores externos, el buscador del propio sitio o la búsqueda del navegador, buscar es siempre una estrategia válida para no leer.
- **La credibilidad es vital** - Los visitantes evalúan permanentemente la credibilidad de los contenidos que leen en la Web. La fuente, el autor, el sitio en el que están publicados, los links a otros sitios, el formato y la cantidad de gráficos y textos en movimiento, son todos elementos que aportan a la hora de definir si el contenido es creíble y veraz. Ante un sitio desconocido o un autor desconocido, el punto de partida está más

cercano a la desconfianza que a la convicción de veracidad. Y se aplica la tolerancia cero.

- **El humor debe ser utilizado con cuidado** - Si bien un toque de informalidad puede ser un aporte, el humor es un arma de doble filo. La permanencia de los contenidos en el tiempo, que los hace salir del contexto en el que fueron escritos, el carácter planetario de la Web y la diversidad cultural de los públicos que acceden, hace que las referencias ambiguas, las sustituciones y los juegos de palabras que aportan humor hagan parecer a los sitios en muchos casos como tontos o presumidos.[44]
- **El hipertexto es bienvenido** - La Web es eso: un gran espacio hipertextual. El hipertexto permite administrar la cantidad, calidad y complejidad de los contenidos a los que se accede, dejando en el visitante la decisión de profundizar o continuar, algo que funciona muy bien.

Navegar y comunicar

Si definimos "**navegar** un universo de contenidos" como la decisión del usuario sobre el **orden en que consumirá dichos contenidos**, podremos ver que todos los contenidos, pero en particular los textos, siempre tienen un doble rol: el de comunicar y el de ser anclas o herramientas de navegación.

Los distintos medios proveen al usuario distintas posibilidades de navegación. Tal vez podamos decir que el afiche no tiene posibilidades de navegación ya que se ve todo de una vez. El cine, tan distinto del afiche, tampoco es navegable: a lo sumo puedo dormirme y no ver el resto de la película.

44 Dijo una vez Alejandro Dolina, en su programa radial "La venganza será terrible", que el mecanismo universal del humor es la sustitución. En base a un contexto implícito, se da a entender una cosa que luego se sustituye por otra y eso genera la situación risible. En Internet es muy difícil garantizar la existencia del contexto implícito y eso es lo que hace difícil al humor. http://www.alejandrodolina.com.ar/la_venganza.html

Podemos ubicar en un continuo los distintos medios y géneros, acercándonos paulatinamente a los de máxima navegabilidad, entre los que se encuentra sin dudas la revista. Una buena revista está pensada para que el lector hojee el contenido, elija algunos artículos, luego otros, mire fotos y lea los pies de foto, repase títulos y copetes, y después de ello vuelva a comenzar. La lectura típica de una revista no sigue la secuencia lineal de una novela, la revista es un medio fuertemente navegable, y la navegación agrega un elemento adicional: el usuario consume sólo parte del contenido.

En la medida en que el medio tiene un perfil mayor de navegabilidad, el contenido en general y el texto en particular adquieren un rol dual comunicación/navegación cada vez más relevante. Mientras que un índice del tipo Capítulo 1, Capítulo 2, Capítulo 3,... es razonable para una novela (que de hecho muchas veces ni siquiera tiene índice) es inaceptable para una revista. El índice de una revista además de brindar la información de los números de página de las notas, debe transmitir una importante cantidad de contenido:

- **Panorama de lo que está pasando**: leyendo el índice obtengo una visión general del tema sobre el que la revista trata. Por ejemplo, si es una revista semanal de noticias de la farándula, un repaso al índice me pondrá al día de los acontecimientos más importantes de las estrellas del deporte, la TV y otras personas con fuerte exposición mediática. El índice informa.
- **Qué es más relevante**: los contenidos están jerarquizados, los más importantes además del título tienen fotos, copetes y resúmenes, los de importancia media tienen fotos pequeñas y tal vez no tengan resumen y los de poca relevancia tienen apenas una línea. El índice prioriza.
- **Información de avance**: con recuadros, destacados y otros elementos, el propio índice brinda la información sustancial sobre las noticias más importantes, sin necesidad de ir a la nota. El índice comunica.

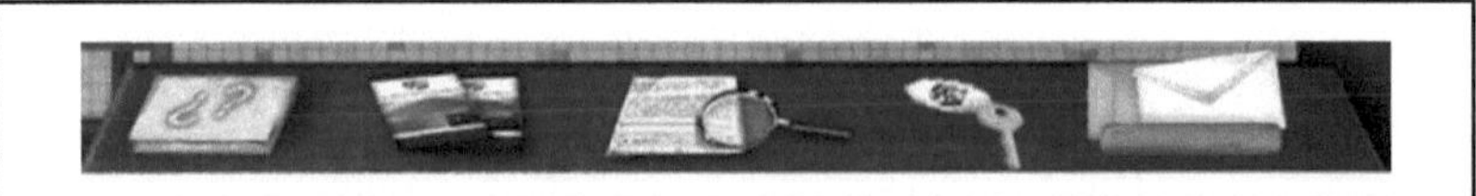

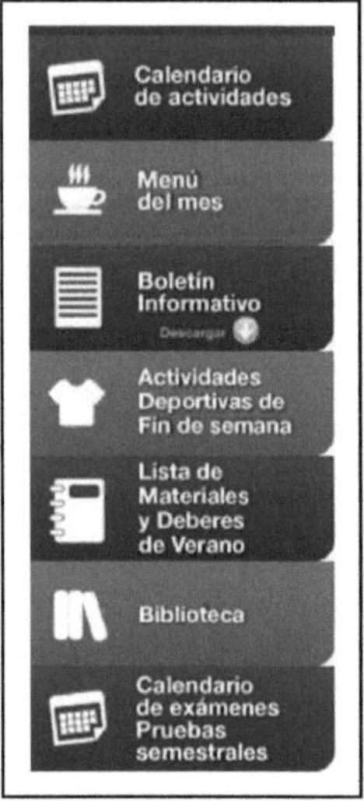

La Web es el medio navegable por excelencia, no en vano acuñó la expresión "navegar en la Web" y es por tanto el medio donde la dualidad comunicación / navegación es mayor. Siempre que creamos contenidos para la Web, independientemente de su rol primario, tenemos que estar atentos a su capacidad de ser a la vez la mejor herramienta de navegación y el mejor comunicador de contenidos.

Los menús constituyen el corazón de las herramientas de navegación, y precisamente por ello es que tenemos que tener especial cuidado de que no se pierda su rol comunicador. La preocupación por la navegación es obvia y natural en un menú, pero no así la preocupación por la información que comunica.

Por ejemplo, cuando se construyen menús totalmente gráficos, tal como muestra la imagen del menú de la antigua portada del colegio Elbio Fernández[45], es habitual que la navegación se vea perjudicada, pero es prácticamente imposible que no se pierda totalmente el rol comunicador. En el ejemplo es inclusive muy difícil discernir de qué tipo de organización, empresa o institución se trata.

En un medio tan hostil hacia la lectura fluida, las palabras y frases que conforman los menús y otras herramientas destinadas a la navegación tienen una altísima probabilidad de ser leídas. Es un error importante descuidar la capacidad de comunicar de estos elementos.

45 Captura de pantalla de http://www.elbiofernandez.edu.uy el 19 de setiembre de 2010.

El menú de reemplazo del ejemplo de la portada del colegio Elbio Fernández es un avance muy significativo respecto a su antecesor[46]. No solamente es claro y directo el contenido de cada opción, ahora es posible hacerse un panorama del universo de información sobre el que el menú navega. Palabras y frases como "deberes", "exámenes" y "pruebas semestrales" son una pista inequívoca de que se trata de una institución educativa.

En un medio tan hostil hacia la lectura fluida, las palabras y frases que conforman los menús y otras herramientas destinadas a la navegación tienen una altísima probabilidad de ser leídas.

Estilos de escritura

Cuando un autor se enfrenta a la tarea de crear un texto, tiene delante de él un abanico infinito de opciones de estilo. Este es uno de los temas más escurridizos a la hora de generar clasificaciones y donde la destreza del autor hace la diferencia. De todos modos, hay algunas recomendaciones posibles a la hora de escribir para la Web:

- **Escritura Objetiva**: En contraposición con la escritura promocional, rica en adjetivos, metáforas y autoalabanzas, en la Web funciona mejor el estilo objetivo, parco en adjetivos, frases irrelevantes y muy, pero muy mesurado a la hora de elogiarse a sí mismo.
- **Escritura Concisa**: La comprensión y recordación de textos en la Web se ve incrementada cuando los textos están escritos con un estilo conciso, compacto. Esto tiene sentido si se parte de la base de que los visitantes leen poco. En general, si el punto de partida es un folleto promocio-

46 Captura de pantalla de http://www.elbiofernandez.edu.uy el 11 de octubre de 2010.

nal, un texto conciso escrito para la Web contendrá solamente entre un 30 y un 50 por ciento del texto original.

- **Escritura ojeable (scannable)**: La utilización de títulos, subtítulos, resúmenes, copetes, colgados, distintos tamaños de letra, resaltados en negrita, etc. permite ojear el contenido del documento sin obligar a una lectura secuencial. Párrafos cortos (entre tres y seis renglones) funcionan muy bien, cada uno conteniendo una única idea.

Estos tres estilos pueden ser combinados, obteniendo así resultados óptimos.

Yo Tarzan, tú Jane: en clase, para reforzar la idea de recortar sin piedad lo superfluo, traigo como ejemplo a Tarzán. Con su dificultad para hilvanar frases completas, reducía todo a una sucesión de sustantivos y verbos, salpicados de algunos adjetivos. Lamentablemente Tarzán ni siquiera conjuga los verbos, pero si no llegara a ese extremo, su capacidad de síntesis sería una herramienta poderosa.

Una vez un alumno me contestó que su hijo de 2 años era muy superior a Tarzán, ya que con un vocabulario de un par de decenas de palabras casi sin sentido controlaba el mundo. Sin duda es cierto, pero tal vez para nuestro sitio sea un poco excesivo.

Técnicas de escritura para la Web

Escritura tipo Pirámide invertida

Es de estilo en muchos medios escritos el desarrollo lógico y secuencial de los razonamientos, motivos y fundamentaciones para arribar paso a paso a las conclusiones que se expondrán al final. El modelo canónico de esta técnica está dado por la tesis doctoral: exposición del problema a tratar, seguido por las hipótesis del trabajo, una reseña exhaustiva del material existente al respecto, luego una descripción detallada de la metodología de investigación, la reseña completa del trabajo de campo, una sección de resultados con todas las tablas de datos obtenidos para arribar al final a una sección de conclusiones, que a partir de todo lo expuesto analizan la validez de las hipótesis previstas originalmente, a lo que se suman otros hallazgos no considerados en las hipótesis. Esto es lo que se llama escritura en Pirámide, donde a partir de la exposición de distintas capas de contenido se construye un cimiento sólido del cual se derivan las conclusiones.

La prensa hizo suyo el estilo opuesto, la **pirámide invertida: primero las conclusiones**, luego las explicaciones y al final los detalles. Este estilo se adecua muy bien a la Web. A diferencia de la escritura piramidal tradicional, esta forma permite que quien lee interrumpa la lectura en cualquier momento y que el contenido que leyó tenga sentido completo y contenga la información más relevante, variando el nivel de detalle de la información según el momento en el que dejó de leer.

Escritura auto-similar[47]

Si partimos de un martillazo el televisor obtenemos pedazos de televisor, nada que se parezca a televisores chiquitos. Por el contrario, si partimos de un martillazo una piedra, obtendremos una colección de piedras más pequeñas, que a su vez pueden ser divididas en otras piedras y así sucesivamente. A esto se le llama estructura auto-similar: una estructura donde cada parte es de la misma clase que el todo. Existen en la naturaleza y en la ciencia numerosas estructuras auto-similares. Por ejemplo: las nervaduras de una hoja tienen una estructura

47 El concepto de Auto-similitud aparece con mucha fuerza en la teoría Fractal, desarrollada por el matemático polaco Benoit Mandelbrot, quien llamó a esta propiedad "autosimilarité", palabra que no tiene un correlato en el diccionario de la Real Academia Española.

auto-similar, un segmento de recta es una forma auto-similar. Inclusive la similitud entre el sistema planetario y la estructura atómica hacen pensar en que es posible encontrar un camino para una posible estructura auto-similar de carácter universal, pero eso es harina de otro costal.

Un texto auto-similar es un texto que al ser dividido en textos más pequeños, cada uno de ellos sigue manteniendo sentido. La idea de auto-similitud le aporta al texto la capacidad de que el internauta elija qué partes del documento leer y en qué secuencia hacerlo, manteniendo la capacidad de transferir el conjunto de ideas que el autor se propuso transmitir cuando lo escribió. Si partimos una novela en tres partes, inclusive aplicando un buen criterio y la mejor buena voluntad, no obtendremos tres novelas más cortas. Sería deseable que si partimos en tres un contenido Web, obtengamos tres contenidos más cortos, con menos detalle, pero que siguen teniendo sentido como contenidos Web.

La escritura auto-similar va en contra de algunas buenas prácticas del relato, donde los párrafos se encadenan unos con otros generando un hilo conductor que mantiene el interés del lector en el texto. Precisamente este hilo conductor hace que comenzar a leer en el medio, saltear renglones, no terminar de leer los párrafos, provoque que el lector rápidamente se desoriente y el relato pierda el sentido.

Internet es un medio en el que rara vez la lectura es secuencial y continuada, donde en la mayoría de las ocasiones se saltean párrafos y se abandonan frases, donde la vista aterriza en el lugar menos pensado del texto, por lo que la escritura auto-similar busca garantizar que cada pequeño esfuerzo que el usuario haga por leer uno o dos renglones le devuelva una cantidad razonable de valor.

Internet es un medio en el que rara vez la lectura es secuencial y continuada, donde en la mayoría de las ocasiones se saltean párrafos y se abandonan frases, donde la vista aterriza en el lugar menos pensado del texto, por lo que la escritura auto-similar busca garantizar que cada pequeño esfuerzo que el usuario haga por leer uno o dos renglones le devuelva una cantidad razonable de valor.

Escritura en capas transparentes

Otra técnica muy útil es concebir el documento que se está escribiendo para la Web como la superposición de varias capas transparentes, cada una de las cuales contiene todos los textos que pertenecen a un mismo nivel jerárquico. La capa de mayor jerarquía contendrá probablemente el título, que debe tener sentido en sí mismo. La capa de jerarquía 2 contendrá los subtítulos. Al superponerla con la 1 obtendremos un documento que tiene el título y los subtítulos, asimilable a una tabla de contenidos del documento. Si la capa 3 contiene el resumen que sigue al título y los destacados de cada párrafo, al agregarlo a las capas 1 y 2 obtendremos un documento similar al que teníamos, pero que ahora agrega un nivel más de profundidad al contenido. Y así sucesivamente.

La escritura en capas transparentes es sumamente efectiva a la hora de permitir ojear documentos, ya que es probable (y recomendable) que los contenidos usen tipografía más grande cuanto mayor sea la jerarquía de la capa a la que pertenecen. Así el ojo del visitante podrá recorrer la página Web seleccionando los tipos de letra mayores o iguales a un tamaño dado (algo que los humanos hacemos inconscientemente, sin necesidad de ningún esfuerzo) y obtendrá un contenido completo, razonable y con un nivel de detalle acorde al tamaño seleccionado.

Otra forma de ver la utilidad de la escritura en capas transparentes es que si el usuario lee solamente 25 palabras, hay gran probabilidad de que sean las de mayor tamaño y que nosotros elegimos para la capa 1 o 2, con la preocupación de que tengan sentido y entreguen un contenido útil.

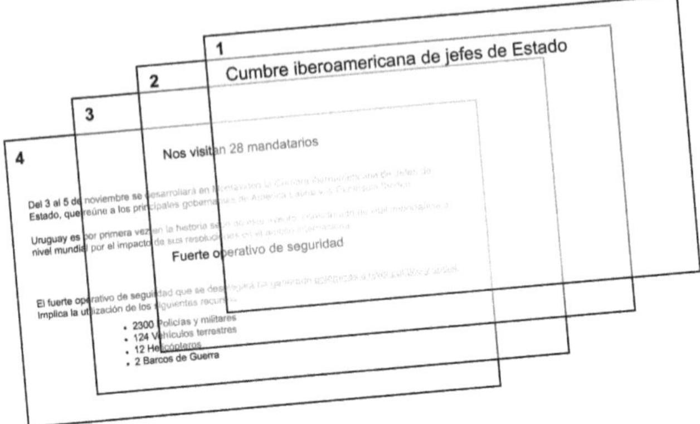

Cumbre iberoamericana de jefes de Estado

Nos visitan 28 mandatarios

Del 3 al 5 de noviembre se desarrollará en Montevideo la Cumbre iberoamericana de Jefes de Estado, que reúne a los principales gobernantes de América Latina y la Península Ibérica

Uruguay es por primera vez en la historia sede de este evento, considerado de vital importancia a nivel mundial por el impacto de sus resoluciones en el ámbito internacional

Fuerte operativo de seguridad

El fuerte operativo de seguirdad que se desplegará ha generado polémicas a nivel político y social. Implica la utilización de los siguientes recursos

- 2300 Policías y militares
- 124 Vehículos terrestres
- 12 Helicópteros
- 2 Barcos de Guerra

Ejemplo de escritura en capas transparentes

Organizando el contenido

Existen numerosas herramientas que permiten organizar, clasificar y jerarquizar el contenido, aportando legibilidad, comprensión y recordación a las ideas que queremos transmitir. Forma y contenido interactúan para mejorar o empeorar la Usabilidad de la página Web, haciendo que en algunos casos un error en la elección del tamaño del tipo de letra haga completamente ilegible un texto de excelente calidad. Listaremos a continuación algunos de los elementos a utilizar, los principales en un abanico casi inabarcable de opciones.

El título de la página

A pesar de la actitud militante de no-lectura que reina en la Web, usted puede estar tranquilo que cualquier visitante que entre a una de sus páginas Web leerá como mínimo el título, o más exactamente las primeras tres palabras del título. Eso si quien creó la página acertó a ponerle título. Esto realza su valor y aumenta el nivel de exigencia en su creación.

A pesar de la actitud militante de no-lectura que reina en la Web, usted puede estar tranquilo que cualquier visitante que entre a una de sus páginas Web leerá como mínimo el título, o más exactamente las primeras tres palabras del título. Eso si quien creó la página acertó a ponerle título. Esto realza su valor y aumenta el nivel de exigencia en su creación.

Un buen título debe cumplir con dos requisitos básicos:

- **Debe ser el texto más prominente de la página**, colocado en un lugar absolutamente central y destacado (debajo del cabezal, arriba de todo otro contenido y alineado a la izquierda es el ideal). Detectar el título debe necesariamente estar en el nivel "Miro y entiendo".

  Es muy frecuente que aparezcan en una misma página otros textos con igual o mayor destaque que el título, lo que hace que el visitante deba pensar acerca de cuál de ellos es el título y por qué no parece el título si realmente lo es. Todo eso en el caso de que se digne en pensar en nuestro sitio y disponga de tiempo para hacerlo. La prueba ácida de tamaño y ubicación del título de la página es cambiar el tipo de letra al ruso o al griego y preguntarle a alguien si puede señalar con su dedo el título en la pantalla. Si lo hace sin errores y sin demoras, el título está correctamente ubicado y tiene el tamaño adecuado.

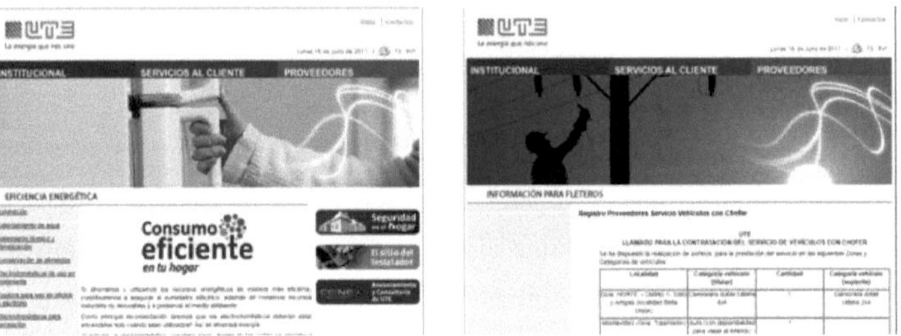

Dos páginas del mismo sitio, una con un título perfecto (inclusive a pesar de la decoración) y otra con uno muy deficiente. Notar que el título de la imagen de la derecha es el texto pequeño "Registro Proveedores Servicio..."

- **El título debe estar redactado de la forma más directa posible,** tratando de generar una expectativa exacta acerca del resto del contenido de la página. Cuando un visitante aterriza en una página después de clickear un link, leerá lo primero que encuentre. Si el título está bien ubicado y tiene un tamaño preponderante, será probablemente el elegido. Su objetivo es decidir si llegó a un contenido útil o debe seguir navegando / buscando. Un buen título tiene que estar redactado de forma de contestar a la mayor cantidad de visitantes esta disyuntiva sin ambigüedades.

Es al menos llamativa la cantidad de páginas Web que no tienen título. Hay sitios enteros cuyo diseño no incluye títulos, algo realmente sorprendente. Como siempre que se habla de Internet, el abanico de casos es inabarcable y es razonable esperar que existan fuertes razones que en algunas situaciones justifiquen la creación de páginas sin título. Pero se trata de un porcentaje ínfimo. El resto, para la gran mayoría de las páginas que carece de título, es que estamos ante un error grave, pero de muy fácil solución.

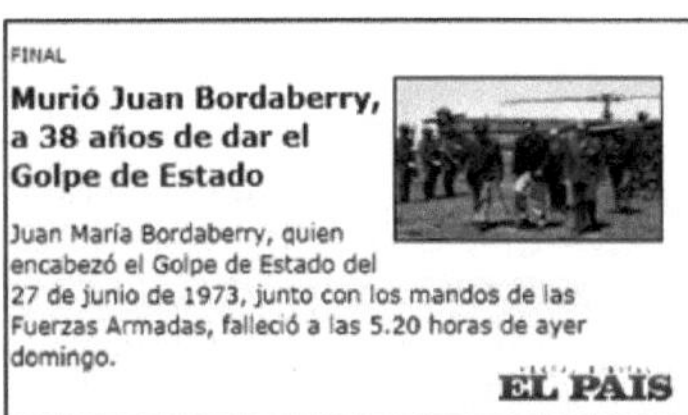

FINAL

Murió Juan Bordaberry, a 38 años de dar el Golpe de Estado

Juan María Bordaberry, quien encabezó el Golpe de Estado del 27 de junio de 1973, junto con los mandos de las Fuerzas Armadas, falleció a las 5.20 horas de ayer domingo.

EL PAÍS

Archívese

A los 83 años y habiendo cumplido cuatro años de su condena murió ayer el dictador Juan María Bordaberry.

El velorio y entierro fueron rápidos. El dictador murió en la madrugada de ayer, pasadas las 5.00, en su casa en Carrasco, donde desde 2007 cumplía su condena a 30 años de prisión por razones de salud. Según se informó ayer, a los 83 años Bordaberry tuvo un paro cardiorrespiratorio. El velorio se realizó en su casa y el entierro, 12 horas después de su muerte, en el cementerio privado Parque Martinelli, en el kilómetro 24 de la ruta 102.

Pese al frío, unos 20 militantes de Plenaria Memoria y Justicia fueron hasta la puerta del Parque Martinelli, cerca del aeropuerto. Bajo los

la diaria

Dos títulos para la misma noticia. El segundo pretende ser ingenioso, o tal vez agudo, pero no brinda pista alguna sobre el contenido del artículo.

Los otros títulos de la página

El resto de los títulos, habitualmente llamados subtítulos, cumplen con respecto al texto que encabezan el mismo rol que el título cumple con el documento. Al igual que el título de la página, su ubicación y el tipo de letra deben indicar sin ambigüedades su condición, lo que se puede traducir en una colocación que marque cuál es el texto que está encabezando y un tamaño de letra que lo resalte como título sin dejar dudas de que no se trata del título de la página, sino de un título secundario.

> En una ojeada a la página, un paquete de subtítulos bien redactados y colocados (esto es más cerca del párrafo que titulan que del párrafo anterior) da un pantallazo rápido, completo y con poco esfuerzo de qué es lo que vamos a obtener si leemos la letra chica de la página que estamos mirando.

En una ojeada a la página, un paquete de subtítulos bien redactados y colocados (esto es más cerca del párrafo que titulan que del párrafo anterior) da un pantallazo rápido, completo y con poco esfuerzo de qué es lo que vamos a obtener si leemos la letra chica de la página que estamos mirando.

Las listas

En la Web funcionan muy bien las listas con viñetas (bullets). Como criterio general, siempre que hay que enumerar, las listas con viñetas son una herramienta que mejorará nuestra página.

La lógica de una lista es la siguiente:

- **Todas las entradas son equivalentes**, describen uno de los elementos de la lista, que está en el mismo nivel de jerarquía que los otros. La profundidad de la descripción es también la misma para todas las entradas.
- **Su identificación es "Miro y entiendo"**, el buen uso de la sangría y las viñetas las hacen identificables con solo mirarlas.
- **Se pueden leer, repasar o saltear**: dado que todas las entradas son equivalentes, una vez que leí la primera puedo determinar el nivel de interés sobre el contenido, lo que implica que puedo realizar una lectura lineal, puedo saltear en busca de una entrada particular, o saltear la lista completa.
- **Destacar el comienzo** con negritas es una técnica que agrega Usabilidad adicional, refuerza la estructura y oficia de título de la entrada.

Veamos el mismo texto en forma lineal y en un solo párrafo:

> La lógica de una lista es la siguiente: todas las entradas son equivalentes, describen uno de los elementos de la lista, que está en el mismo nivel de jerarquía que los otros. La profundidad de la descripción es también la misma para todas las entradas. Su identificación es "Miro y entiendo", el buen uso de la sangría y las viñetas las hacen identificables con solo mirarlas. Se pueden leer, repasar o saltear: dado que todas las entradas son equivalentes, una vez que leí la primera puedo determinar el nivel de interés sobre el contenido, lo que implica que puedo realizar una lectura lineal, puedo saltear en busca de una entrada particular, o saltear la lista completa. Destacar el comienzo con negritas es una

técnica que agrega Usabilidad adicional, refuerza la estructura y oficia de título de la entrada.

Cuando el orden de las entradas de la lista es importante, entonces lo correcto es **numerarlas**, como por ejemplo en los pasos para cumplir un trámite o las instrucciones para instalar un equipo.

La regla de oro es la siguiente: si hay que describir tres o más datos, hechos, objetos u otro contenido de uno o dos párrafos, utilizar una lista.

La regla de oro es la siguiente: si hay que describir tres o más datos, hechos, objetos u otro contenido de uno o dos párrafos, utilizar una lista.

Los párrafos

¿Para qué sirve escribir el mejor texto si nadie lo va a leer? ¿No es natural y lógico? Sin embargo, el largo de los párrafos es uno de los puntos más duros en la tarea de convencer a los creadores de contenido para que adopten criterios que mejoren la Usabilidad de sus páginas.

Las pruebas de Usabilidad muestran con claridad que hay muy baja probabilidad de que un internauta lea completo y de una vez un párrafo largo (más de 8 renglones). Ésta baja si la letra es pequeña o si el contraste del texto y el fondo no es alto. Es más, es muy probable que los visitantes lean solamente la primera línea del párrafo o a lo sumo las dos primeras.

En los mapas de calor se ve con claridad que los usuarios abandonan rápidamente la lectura en el medio de un párrafo, lo que refuerza los hallazgos de los test de usuarios.

Los párrafos deben abarcar una sola idea, de modo que si el visitante lee sólo esa unidad de información, se lleve un átomo de contenido valioso. También es deseable que las frases y oraciones que componen el párrafo estén bien formadas y tengan sentido, inclusive si se las saca de contexto. Esto es aún más importante para la primera frase, ya que hay alta probabilidad de que un visite abandone el resto del párrafo después de leerla.

En resumen: funcionan bien los párrafos cortos (entre 3 y 6 renglones), que abarcan una sola idea y donde en la primera línea se expresa un concepto válido.

En resumen: funcionan bien los párrafos cortos (entre 3 y 6 renglones), que abarcan una sola idea y donde en la primera línea se expresa un concepto válido.

Los resúmenes y destacados

Tanto desde el punto de vista de la escritura en capas como desde el de la jerarquización, los resúmenes y destacados pueden jugar un rol importante a la hora de dar relevancia a las ideas clave de una página.

No solamente el tradicional abstract, colgado, bajada o acápite que aparece en el encabezado de cualquier artículo puede ser utilizado como resumen o para destacar una idea. En la Web es extremadamente útil agregar otros resúmenes, ya sea en recuadros aparte o directamente en el texto, por ejemplo debajo de cada subtítulo.

También los distintos elementos gráficos pueden ser acompañados de resúmenes y textos de destaque: explicaciones de cuadros y gráficas, pies de foto, descripciones de un esquema, entre muchos otros conforman la valija de herramientas de las que dispone el redactor para acercar al visitante las ideas más importantes que quiere transmitir.

Wikipedia: el ejemplo a seguir

La organización del contenido de cada artículo que hace Wikipedia es el paradigma a seguir. **La estructura que Wikipedia da al contenido aumenta**

sensiblemente su facilidad de uso y permite por ejemplo que la importante extensión de los documentos carezca de relevancia: es asombroso que nadie se queje de que las páginas de Wikipedia son muy largas.

El secreto está escondido a la vista de todos, en la pantalla, en cada página de la enciclopedia: la aplicación sistemática y consistente del estilo de Wikipedia. Esto garantiza un alto nivel de Usabilidad a la vez que hace que todas las páginas se basen en el mismo modelo de interacción, por lo que el uso repetido permite aprender rápidamente y aumentar el valor que se obtiene de cada visita, minimizando el tiempo que lleva obtenerlo. Los elementos más relevantes del estilo son los siguientes:

- **El título** del artículo es el término que se está definiendo, es el texto más grande de la página y se ubica arriba, a la izquierda.
- **Un resumen** constituido por no más de dos párrafos cortos, con una definición del término en la primera oración y a continuación el resumen de las ideas más relevantes contenidas en el resto del artículo. No más de dos párrafos.
- **Los subtítulos** dividen el contenido en secciones de algunos párrafos. Cada uno trata un aspecto distinto del tema, sin que los contenidos se mezclen.

  Los subtítulos tienen un tamaño visible pero claramente menor que el del título. Se ubican sobre el párrafo, alineados a la izquierda, más cerca del texto que titulan que del que los precede.
- **El índice** del contenido, ubicado debajo del resumen está conformado por los subtítulos, que así cumplen su segundo rol.
- Se hace un uso intensivo de **listas, cuadros, textos destacados** y muchas otras herramientas para organizar y jerarquizar los textos que conforman el contenido.
- Todas **las ilustraciones y otros cuadros** tienen su correspondiente texto explicativo.

- Al pie hay un **espacio de referencias** que incluye artículos relacionados en la propia Wikipedia, links externos y fuentes de información.

- Wikipedia es un **espacio hipertextual** con gran cantidad de vínculos internos y externos. El texto de los vínculos internos está constituido casi en su totalidad por los títulos de los artículos.

Como todo en Wikipedia, el estilo lo cuidan los editores anónimos que en la comunidad se conocen como **wikipedians**. También hay un término para la aplicación del estilo: **wikificar**. La definición en Wikipedia dice:

> Es notable ver cómo una comunidad anónima y desinteresada es capaz de consensuar sobre la adopción de un estilo basado en las recomendaciones de Usabilidad más clásicas y aplicarlo sin fisuras en sus contenidos, algo que empresas, organizaciones y grupos mucho más pequeños y homogéneos están muy lejos de conseguir.

"El término **wikificar** es un neologismo creado para denominar al proceso de unificar el diseño y la estética de los artículos de Wikipedia, de acuerdo a las convenciones estipuladas en su Manual de Estilo."

Cuando un documento se aleja del estilo, los wikipedians lo marcan y se muestra un cartel que pide ayuda:

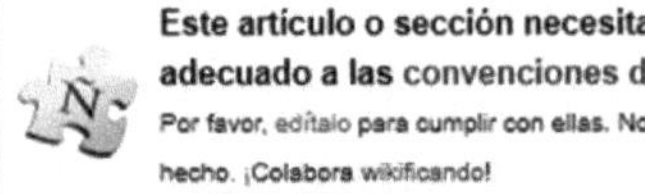

La estructura de los artículos de Wikipedia ocupa sin lugar a dudas una parte relevante en el éxito del sitio. Es notable ver cómo una comunidad anónima y desinteresada es capaz de consensuar sobre la adopción de un estilo basado en las recomendaciones de Usabilidad más clásicas y aplicarlo sin fisuras en sus contenidos, algo que empresas, organizaciones y grupos mucho más pequeños y homogéneos están muy lejos de conseguir.

Estructura, formato y redacción en las páginas de Wikipedia

Ni magia ni dogmas

La comunicación humana es un fenómeno altamente complejo, del que sabemos mucho e ignoramos muchísimo más. En este marco no es sensato pensar que con una lista de recomendaciones, sean cuales sean estas recomendaciones, vamos a garantizar mágicamente la creación de contenidos de calidad. Por otra parte, alcanza con navegar por algunos sitios Web para darse cuenta de que aplicando apenas algunas de las recomendaciones, su capacidad de comunicar aumentaría enormemente. Ese solo hecho hace que el esfuerzo por sistematizar el conocimiento sobre cómo escribir para la Web sea válido.

CAPÍTULO 6

"La simplicidad es la máxima sofisticación"

Leonardo Da Vinci

Formularios:
la Web interactiva

Un sitio Web puede dividirse conceptualmente entre las páginas para leer y las páginas para interactuar. La diferencia más importante entre unas y otras es que las primeras son unidireccionales, ya que la información fluye solamente del sitio Web al usuario. Las segundas son bidireccionales: el sitio emite un paquete de información y recibe la información del usuario como respuesta. La herramienta que brinda la Web para esta función es el formulario.

La Usabilidad de las páginas que contienen formularios es notoriamente más compleja que la de aquellas que sólo publican información. No solamente el manejo del formulario requiere del usuario un uso más intenso de la página, sino que completar los campos correctamente tiene como requisito previo una comprensión acabada de la información presentada.

La Usabilidad de las páginas que contienen formularios es notoriamente más compleja que la de aquellas que sólo publican información. No solamente el manejo del formulario requiere del usuario un uso más intenso de la página, sino que completar los campos correctamente tiene como requisito previo una comprensión acabada de la información presentada.

Mientras que en una página informativa el primer click probablemente implique el fin de la interacción y la carga de una nueva página (a lo que se suma que la probabilidad de utilizar el teclado es muy baja), una página que contiene un formulario requerirá varios clicks y la digitación de varios campos para cumplir con su finalidad.

Construcción de formularios usables

El núcleo conceptual de la construcción de formularios usables es la capacidad para hacer que el usuario que interactúa con el formulario entienda con claridad la consecuencia de la información que proporciona. Esto implica un paso más que el criterio obvio de que el usuario tiene que entender con qué información completar el formulario. Las dificultades graves, las que generan los abandonos, aparecen cuando el usuario no es capaz de comprender qué resultados devendrán de la información con que está llenando los campos.

Inclusive los formularios más simples tienen consecuencias: el registro en un sitio abre un abanico muy grande de preguntas: ¿qué harán con mi información? ¿Llenarán mi casilla de email? ¿Aparecerá mi nombre en algún lugar? entre muchas otras.

Cuando los formularios son más complejos y por tanto abarcan más opciones, así como cuando el proceso que implementan es más significativo para el usuario que un simple registro, este problema se hace crucial. Cada campo puede implicar compromisos, dinero, responsabilidades y otras derivaciones relevantes. En esta situación, más que en ninguna otra, la facilidad de uso está determinada por la capacidad que tenga el formulario de explicar con claridad no solamente qué información proporcionar y en qué formato, sino fundamentalmente qué sucederá después de que esa información sea enviada.

Tipos de respuestas

Un formulario se puede pensar como un diálogo, donde la página propone preguntas y el usuario proporciona respuestas. Una de las primeras claves para la mejora de Usabilidad de los formularios es entender que la naturaleza de las preguntas y sobre todo de las respuestas, es muy variada y requiere de un trato particular. En definitiva, es tan formulario la pequeña encuesta para decidir si esta nota me gusta o no me gusta, como la liquidación anual del impuesto a la renta. La diferencia está precisamente en la naturaleza de las preguntas y respuestas que los componen.

En el libro **Formularios que funcionan**[48] Caroline Jarrett y Gerry Gaffney proponen una clasificación muy interesante de las respuestas:

- **Automáticas**: son respuestas simples, que se proporcionan casi como un reflejo condicionado. Nombre, apellido, dirección, sexo, ciudad de nacimiento, son todas preguntas que caen en esta categoría.
- **Recolectadas**: son respuestas que hay que encontrar en algún lugar accesible al usuario. En general la propia respuesta es sencilla, como la fecha de emisión del documento de identidad o el importe de la cuenta de energía eléctrica de hace tres años.

  El proceso de encontrarlas puede tener distintos grados de dificultad, unas veces tan sencillo como revisar un bolsillo, otras tan complejo como encontrar una factura de hace tres años.
- **Provistas por terceros**: son respuestas que hay que averiguar consultando a otra persona. En este caso tanto el nivel de dificultad de la respuesta puede ser variable como el propio proceso de conseguirla.
- **Creadas**: son respuestas que no existen antes de formular la pregunta y que el usuario tiene que razonar, calcular o inventar para completar el formulario.

No hay a priori ningún problema en la utilización de cualquiera de los tipos de pregunta. Lo importante es tener en claro qué estrategia de respuesta implica cada pregunta que incluimos en el formulario y hacer lo necesario para que el usuario lo perciba y actúe en consecuencia.

Las respuestas automáticas necesitan una etiqueta sencilla y directa y no deberían requerir de ayuda o instrucciones adicionales. Las recolectadas pueden ser tratadas como las automáticas si es absolutamente obvio dónde encontrarlas. Si

48 Forms that Work: Designing Web Forms for Usability - Caroline Jarrett y Gerry Gaffney - Editorial Morgan Kaufmann, 2009.

no es así, las instrucciones deben ir dirigidas específicamente a ayudar al usuario a encontrar la información.

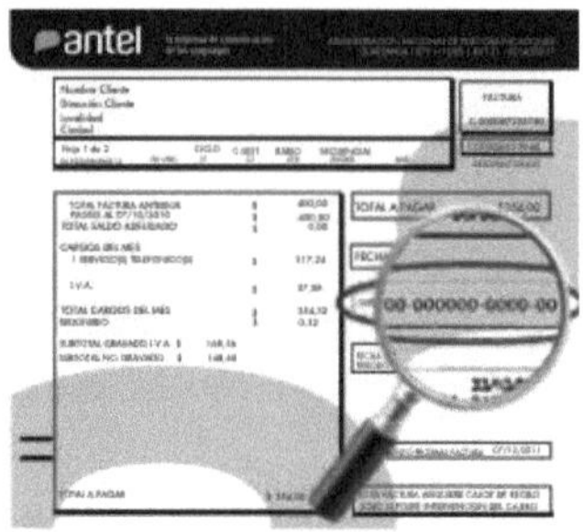

ANTEL provee una imagen que muestra dónde encontrar
el número de cuenta en la factura

Las respuestas provistas por terceros tienen un comportamiento similar a las recolectadas, pero es mayor la frecuencia con que suelen complicarse y transformarse en difíciles. Tenga en cuenta que a la problemática de la relación usuario-sitio ahora se suma la relación usuario-tercero, algo que agrega un grado de dificultad mayor al problema.

Por último, las respuestas creadas tienen en general alta probabilidad de ser complejas. Deben ser tratadas con extremo cuidado: detecte las preguntas que requieren respuestas creadas, verifique que sean estrictamente necesarias, cerciórese de que cuentan con instrucciones precisas, agregue un vínculo a un nivel de ayuda más detallado y valide que le está brindando al usuario cual-

Cuando construya un formulario, tome en cuenta qué tipo de preguntas está incluyendo, procurando que sea evidente el tipo de respuesta requerida. Siempre tenga en cuenta que la acumulación de respuestas más complejas aumenta significativamente la dificultad del formulario, lo que aumenta también significativamente la necesidad de un diseño cuidadoso.

quier otra información que pueda requerir para contestar.

Lo más relevante con respecto a los tipos de respuesta tiene que ver con el perfil que el propio formulario adquiere en función de las respuestas que contiene. En la medida en que se incluyen preguntas cuyas respuestas deben crearse o consultarse a terceros y en algunos casos recolectarse, el formulario se vuelve difícil de usar o extremadamente difícil de usar, lo que requiere un trabajo especial en el proceso, un cuidado particular por determinar y organizar cada uno de los pasos y un esfuerzo adicional por retirar o simplificar campos.

Calculador de uso

¿Cuántas horas navega por Internet en el mes?		más info
¿Cuántos mails envía y recibe en el mes?	0	más info
¿Cuántos mails con archivos adjuntos envía y recibe en el mes?	0	más info
¿Cuántas imágenes (.jpg) y fotos envía y recibe en el mes?	0	más info
¿Cuántas horas está conectado a algún chat en el mes (sin actividad)?	0	más info
¿Cuántas horas chatea activamente (400 mensajes/hora) en el mes?	0	más info
¿Cuántas horas de webcam acostumbra utilizar mensualmente?	0	más info
¿Cuántas horas por mes habla por Internet?	0	más info
¿Cuántos archivos de música envía y recibe por mes?	0	más info
¿Cuántos videos o avances de películas (2 min.) mira por mes?	0	más info
¿Cuántas horas mensuales escucha radio on-line?	0	más info
¿Cuántas horas mensuales utiliza juegos on-line?	0	más info
Total de uso por mes:	0	GB Calcular

Limpiar

Calculador de Uso de ADSL, en antel.com.uy. Todas las respuestas deben ser creadas.

Los formularios con respuestas provistas por terceros, creadas, y en menor medida los que requieren respuestas recolectadas, pueden requerir un tiempo significativo para ser completados, lo que hace necesario proveer mecanismos para guardar el formulario y retomarlo luego.

Por ejemplo, el Calculador de Uso que provee ANTEL en su sitio para elegir el producto ADSL, detrás de una apariencia sencilla esconde una dificultad de uso extrema, ya que propone doce preguntas que requieren respuestas creadas por el usuario. ¿Quién sabe cuántas imágenes y fotos envía y recibe en el mes?

Cuando construya un formulario, tome en cuenta qué tipo de preguntas está incluyendo, procurando que sea evidente el tipo de respuesta requerida. Siempre tenga en cuenta que la acumulación de respuestas más complejas aumenta significativamente la dificultad del formulario, lo que aumenta también significativamente la necesidad de un diseño cuidadoso.

Instrucciones útiles

Para que los usuarios puedan completar correctamente un formulario, las instrucciones, ya sean planteadas en forma de pregunta o como oraciones afirmativas, deben ser claras, precisas, útiles y focalizadas en la respuesta.

Jarrett y Gaffney[49] proponen algunas recomendaciones en esta dirección:

Usar palabras familiares en formas familiares

Elija una a una las palabras que utiliza en las instrucciones. No es el lugar adecuado para textos floridos y palabras difíciles. Si la jerga interna, los términos técnicos y las siglas son habitualmente desaconsejados, en las instrucciones resultan tóxicos.

49 Forms that Work: Designing Web Forms for Usability - Caroline Jarrett y Gerry Gaffney - Editorial Morgan Kaufmann, 2009.

Además de las palabras "difíciles", hay que cuidarse de no incluir términos ambiguos. Por ejemplo "frecuente" cambia de significado según el contexto. No es lo mismo visitar París frecuentemente que ir a nadar frecuentemente.

Usar frases afirmativas, cortas y en modo activo

Las frases cortas (15 a 20 palabras) escritas en lenguaje directo y afirmativo son más fáciles de entender que las negativas, tanto en lo que respecta a la propia frase como a la respuesta que hay que dar.

La respuesta a una pregunta negativa es siempre difícil, porque no queda claro si la respuesta afirmativa ratifica la negación o por el contrario la niega. Por ejemplo, para la pregunta ¿No consultó a un médico? tanto la respuesta "sí" como "no" son ambiguas, mientras que la formulación afirmativa ¿Consultó a un médico? no presenta problemas de ambigüedad.

El uso del modo pasivo, en el que el sujeto de la oración no es quien realiza la acción sino quien la recibe, se presta a la elaboración de frases intrincadas de difícil comprensión.

Karate Kid

El inagotable Sr. Miyagi, maestro de adolescentes en Karate Kid, le enseña una y otra vez a Julie, quien pregunta todo, todo el tiempo: "Las respuestas son importantes cuando las preguntas son correctas". Nuestros formularios deben aprender esta enseñanza.

- Voz pasiva: "El formulario debe ser llenado por usted".
- Voz activa: "Usted debe llenar el formulario".

Si bien la construcción es perfectamente válida en español, la voz pasiva requiere más trabajo para ser decodificada por el usuario. Sumado a ello, las construcciones pasivas son proclives a generar frases muy largas y complejas, cuando las acciones pasivas se acumulan. Por ejemplo:

- Voz pasiva: "El primer gol del partido que fue jugado ayer, fue hecho por Ruben Sosa".
- Voz activa: "Ruben Sosa hizo el primer gol del partido que se jugó ayer".

Demoler los muros de palabras

Si en general los párrafos breves son una recomendación importante en la creación de contenidos para la Web, en los formularios es un mandato imperativo.

Los textos largos, y en este caso hablamos de más de dos renglones, tres como máximo, se constituyen en verdaderos muros que los usuarios deben franquear para continuar avanzando. El método más efectivo para evitar este problema es **eliminarlos**

Los textos largos, y en este caso hablamos de más de dos renglones, tres como máximo, se constituyen en verdaderos muros que los usuarios deben franquear para continuar avanzando. El método más efectivo para evitar este problema es **eliminarlos.**

Si realmente no se pueden eliminar, algunas opciones:

- Colóquelos en otra página, y reemplácelos por un link.
- Colóquelos al final de la página, debajo del formulario, y reemplácelos por una frase corta que incluya una referencia al final.
- Colóquelos en un cuadro, al costado del formulario pero fuera del flujo.
- Recórtelos agresivamente, cree viñetas, listas y otros elementos que los dividan en textos pequeños.

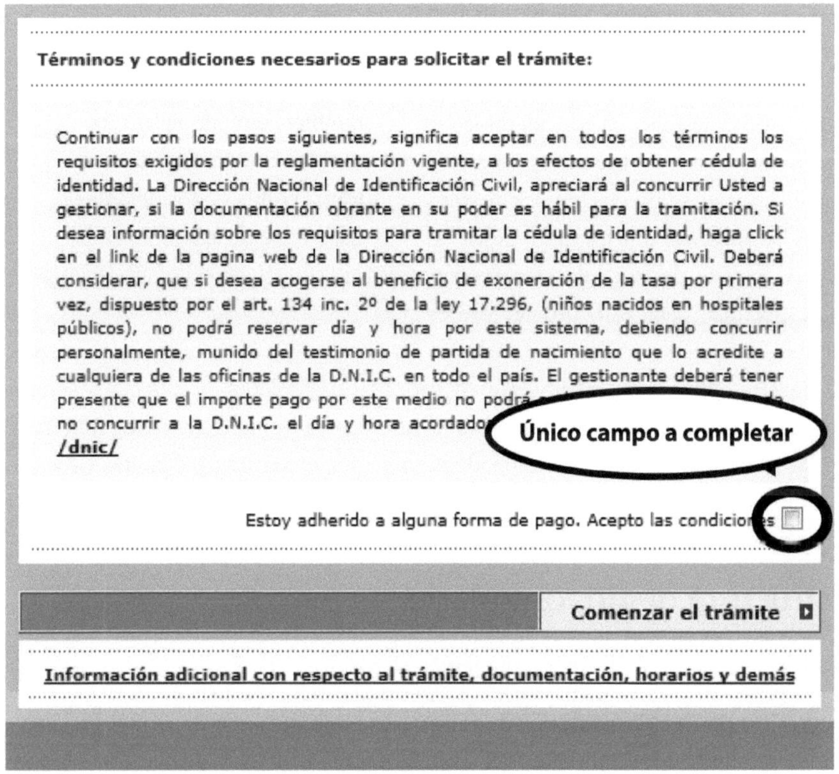

Aparentemente son los términos y condiciones, pero no lo son.
El texto construye un muro que separa al usuario del único campo a completar.

Criterios de Usabilidad para formularios

A diferencia de las reglas heurísticas, que tienen un carácter más amplio y conceptual, la interacción con los formularios requiere de pautas más estrictas para garantizar niveles aceptables de Usabilidad. Al igual que con las reglas heurísticas, alcanzar niveles óptimos de Usabilidad implica complementar la aplicación de las recomendaciones con el análisis específico de cada caso particular.

Los test con usuarios nos confirman una vez sí y otra vez también, que seguir las recomendaciones mejora de una forma visible y considerable la Usabilidad de los formularios. Es cierto que el óptimo se da cuando los formularios se analizan uno a uno desde el punto de vista de la Usabilidad en forma específica, pero esto no siempre es factible, ya que es costoso en recursos y en tiempo. Sin embargo, por lo menos en nuestra experiencia, se invierte en formularios repletos de chiches y scripts vistosos que tienen una pésima Usabilidad, cuando hubiera sido más fácil, más rápido, más económico y más productivo seguir una a una las pautas preestablecidas.

Los test con usuarios nos confirman una vez sí y otra vez también, que seguir las recomendaciones mejora de una forma visible y considerable la Usabilidad de los formularios.

Estructura de un formulario

Un formulario se divide en los siguientes elementos (ver figura):

A. **Título del Formulario**: describe todo el proceso, desde el primer paso hasta el último. Se mantiene visible durante todo el proceso.

B. **Pasos del proceso**: es una secuencia que indica la cantidad total de pasos y una pequeña descripción de cada uno de los pasos a dar, donde el paso actual se encuentra resaltado. De los pasos ya cumplidos, la descripción incluye algún dato relevante de los ingresados por el usuario. Si tiene lógica para el formulario, puede permitir navegar entre los pasos.

   Tiene sentido cuando en el formulario hay más de un paso.

C. **Título del paso**: describe el paso actual dentro de todo el proceso. Es distinto del título del formulario y distinto para cada paso. Es muy bueno que incluya el número de paso en un texto del tipo "Paso X de Y".

Nombre del formulario (A)

1 Datos generales
- Primer dato solicitado
- Segundo dato

2 Otros datos
- Dato solicitado
- El segundo dato

3 Confirmar datos
- Dato uno
- Segundo dato

(B)

1 PASO 1 DE 3
Datos generales (C)

Política de privacidad

Título del primer grupo

(D) Primer etiqueta*:
Esta es la ayuda de una de las opciones del formulario.

Segunda etiqueta*:
Esta es ayuda que especifica las condiciones para llenar este campo.

Esta es la tercera*:

Grupo de opciones con título extra large

Etiqueta primera*:
Esta es una ayuda muy larga que ha de ocupar dos líneas de texto debajo de la caja editable del campo a llenar.

Segunda*:

Otra tercera*:

Tercer grupo

Primer etiqueta*:

Segunda etiqueta*: Cédula de identidad

Tercer etiqueta*:

Etiqueta número cuatro*:
Esta es otra ayuda.

Quinta etiqueta*:

Etiqueta seis*: Texto de opción

Séptima etiqueta*: Opción uno
Opción dos
Opción tres
Eventualmente este campo también podría llevar ayuda, con mucho criterio.

* Campo obligatorio

(E) Continuar ››

Esquema de un formulario usable

D. **Grupo de campos**: representan una agrupación lógica de campos dentro de un paso. Están enmarcados con un recuadro y llevan un título de grupo alineado como en la imagen:

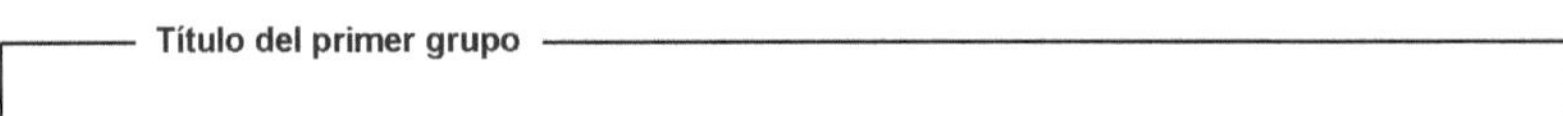

No hay un número máximo de campos para incluir en un grupo, pero es muy importante cuidar que cada uno de los pasos se mantenga en todo momento equilibrado.

E. **Acciones**: todas las posibles acciones del formulario se encuentran al pie. Deben incluir siempre flechas que indiquen el sentido en que avanzan. Invariablemente debe haber una (y sólo una) resaltada con el formato de botón que indique la acción a ejecutar por defecto. Las demás acciones se muestran como vínculos.

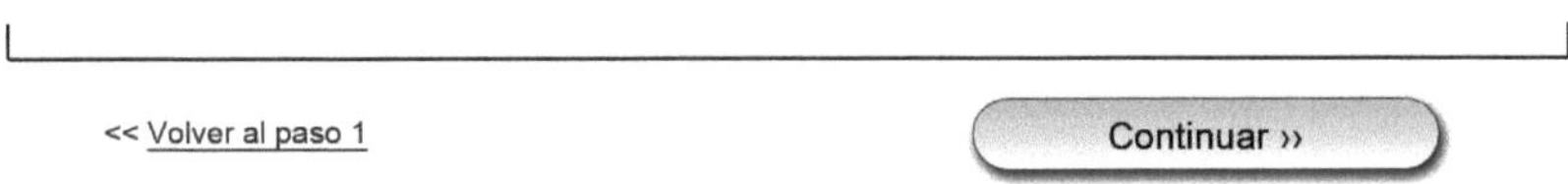

F. La tecla "Intro" tiene que funcionar en todos los casos de forma equivalente a clickear el botón de la acción por defecto del formulario.

La rosca de navidad

La mujer llega a su casa después de una jornada de trabajo y el marido le pregunta:

- Amor, ¿querés rosca de navidad?

- Pero vos estás loco, ¡estamos en agosto!

- Bueno, pero podías querer ¿no?

Nada más fuera de lugar que hacer una pregunta de respuesta obvia una y otra vez sólo porque existe la más remota posibilidad de que la respuesta alguna vez sea distinta. Sin embargo, eso es lo que hace el software a cada momento. Cuando cerramos Word nos pregunta "¿querés rosca de navidad?", algo que en su idioma se dice "¿Desea guardar los cambios?" ¡Naturalmente, para eso los hice! El software debería guardar los cambios sin más trámite, e incluir discretamente las opciones para descartar el trabajo entre los mecanismos para deshacer / rehacer.

Procure que sus formularios no propongan acciones con una probabilidad remota una y otra vez. Quite destaque a estas opciones, ubíquelas en lugares discretos, que no entorpezcan el flujo probable y normal. Además, antes de incluir un nuevo botón a un formulario, recuerde la pregunta ¿querés rosca de navidad?

Nombre Operador: Daniel Mordecki

Nombre Empresa	Tipo Operador	Metodo de Autenticación	Acción
LADILOR S.A.	Administrador		Login
LADILOR S.A.	Operador		Login

Results 1 - 2 of 2.

Todos los días entro al banco y éste me recibe con esta pantalla preguntándome "¿querés rosca de navidad?" Mientras que la opción operador es de uso diario, la de administrador es utilizada apenas una o dos veces al año.

Los campos y sus etiquetas

El criterio de Usabilidad más importante respecto de un formulario es que su **complejidad crece exponencialmente con el aumento del número de campos que contiene**, por lo que es absolutamente recomendable reducir la cantidad de campos al mínimo imprescindible. La situación ideal es aquella en que se solicitan al usuario solamente datos obligatorios.

Inclusive los campos más inocentes y de llenado obvio agregan complejidad y deben ser removidos si es posible. ¿Para qué preguntar el segundo apellido si no voy a hacer nada con él?

Las etiquetas deben describir el contenido en los términos del usuario, incluso si esto implica una supuesta "imprecisión" desde el punto de vista de la nomenclatura interna de la organización.

El criterio de Usabilidad más importante respecto de un formulario es que su **complejidad crece exponencialmente con el aumento del número de campos que contiene**, por lo que es absolutamente recomendable reducir la cantidad de campos al mínimo imprescindible. La situación ideal es aquella en que se solicitan al usuario solamente datos obligatorios.

Agrupación y formato

La presentación visual del formulario es muy importante para su facilidad de uso, tanto porque la percepción de un formulario que se ve más simple generará en el usuario una actitud más proactiva a completarlo, como para que el buen uso de los elementos visuales permita un aprovechamiento integral del nivel "Miro y entiendo".

Algunas recomendaciones en este sentido:

- Dentro de cada grupo se incluye un **número** razonablemente **pequeño** de campos relacionados por su naturaleza y contenido.

- Es deseable que los campos tengan, dentro de cada grupo, **tamaños similares**, sin que esto implique que la cantidad de datos a introducir sea la misma.

  Esta definición resiente la asociación visual entre el tamaño del campo y el largo de los datos que admite, pero el criterio adoptado es que el equilibrio visual genera una percepción de facilidad de uso que compensa la pérdida.

- Todos los **campos** se alinean **a la izquierda** y sus **etiquetas a la derecha**. Esta alineación privilegia la identificación visual de la relación etiqueta-campo.
- Se recomienda especialmente incluir un **único campo** y su correspondiente etiqueta **por línea**. En particular, se recomienda prescindir de formularios con más de una columna.
- En campos de **una línea**, la **etiqueta** debe ir **centrada verticalmente** con el campo. En campos de más líneas independientes (check boxes, radio buttons) la etiqueta va centrada verticalmente con el primer elemento. En campos multilínea la etiqueta va a una distancia vertical del borde superior equivalente a la que tiene en un campo de una sola línea.
- Los campos de elementos independientes (check boxes y radio buttons) **agrupan sus opciones verticalmente** si hay más de 2 opciones. Para listas de hasta 5 elementos, siempre es preferible esta opción a los combo

> La presentación visual del formulario es muy importante para su facilidad de uso, tanto porque la percepción de un formulario que se ve más simple generará en el usuario una actitud más proactiva a completarlo, como para que el buen uso de los elementos visuales permita un aprovechamiento integral del nivel "Miro y entiendo".

boxes y listas descolgables, ya que permiten la visualización simultánea de todas las opciones sin necesidad de realizar ninguna acción.

- Los **campos obligatorios** llevan la marca **(*)** al final de la etiqueta, nunca al lado del propio campo. Se debe aclarar en el formulario que ésta es la marca de obligatoriedad, pero no es imprescindible hacerlo en un lugar de destaque, ya que es un estándar de amplia difusión en la Web.

Ayuda

Con respecto a la ayuda, la situación ideal es aquella en la que todo lo necesario para completar el formulario está en la pantalla (aunque si es necesario es recomendable generar documentos complementarios de ayuda), en base a las siguientes herramientas:

- **Títulos y etiquetado**: se deben pensar y testear las etiquetas, para evitar problemas de interpretación o ambigüedades. Las etiquetas incorrectas generan errores sistemáticos de los usuarios, con el consiguiente aumento en el índice de abandono.
- **Ayuda en el campo**: se puede incluir hasta 2 renglones de ayuda debajo del campo, con una fuente relativamente pequeña, cuidando que sea legible. El texto debe ser breve y directo y en lo posible incluir ejemplos.
- **Ayuda en el grupo**: cuando sea imprescindible, se puede agregar hasta 3 líneas de texto arriba o debajo de los campos de un grupo (no en el medio) que describan con precisión el sentido o la

> La ayuda debe ser eso: ayuda. Los términos y condiciones, las promociones, las opciones, y todos los etcéteras que sus abogados y genios del *up-selling* inventaron para usted, **no son ayuda** y por lo tanto no deben estar disfrazados de ayuda ni ir colocados en el lugar en el que va la ayuda.

utilidad del grupo de campos.

- **Imágenes**: en muchos casos (como por ejemplo cuando hay referencias a elementos físicos) agregar una imagen implica un nivel de ayuda significativo, que justifica el desajuste que se genera en la apariencia y equilibrio del formulario.

La ayuda debe ser eso: ayuda. Los términos y condiciones, las promociones, las opciones, y todos los etcéteras que sus abogados y genios del *up-selling* inventaron para usted, **no son ayuda** y por lo tanto no deben estar disfrazados de ayuda ni ir colocados en el lugar en el que va la ayuda.

Los datos que el usuario ingresó

Mostrar los datos ya ingresados es una práctica recomendada y muy útil, que ayuda al usuario a ubicarse, a la vez que le genera tranquilidad:

- **En los pasos del proceso** hay espacio para algunos datos ingresados. Esto ayuda a la recordación del paso, ya que es más fácil para el usuario reconocer sus propios datos que el texto que el formulario tenga predefinido.
- **Todas las confirmaciones** deben proporcionar todos o al menos una cantidad razonable de los datos ingresados por el usuario. No se deben utilizar las confirmaciones del tipo "¿Está usted seguro?" sin información adicional.

El formulario debe hacer todos los esfuerzos necesarios por conservar los datos del usuario, inclusive si éste no hace nada para guardarlos.

Cuando los datos realmente se guardan sin requerir que el usuario realice una acción adicional, se hace necesario incluir una opción específica para vaciar los datos y volver a comenzar. En este caso la opción debe ser pequeña, nunca debe ser la acción por defecto y debe tener una pantalla de confirmación que indique que la misma es irreversible.

Cuide que el usuario siempre sepa que sus datos no se perderán, sobre todo cuando le ofrece opciones que ocultan el formulario.

Confirmación

Todos los procesos deben terminar en una pantalla de confirmación, que deje absolutamente claro y sin ambigüedades:

- El resultado de la operación: éxito, fracaso u otro.
- Si el fin de la operación es el último paso del proceso, o si es requerido seguir adelante.
- Cuáles son las acciones y posibilidades que tiene el usuario a partir de ahora.

En algunos casos es razonable que esta confirmación esté incluida en una pantalla que tiene además otras informaciones y contenidos, pero es en general una buena práctica dedicar una pantalla exclusivamente a este fin.

Manejo de errores y mensajes

En general podemos afirmar que siempre es preferible prevenir los errores, impidiendo que el usuario caiga en ellos, antes que corregirlos.

Algunos ejemplos:

- Siempre es preferible una lista a un campo de texto pleno, si el conjunto de valores aceptables es reducido.
- Siempre es recomendable que al seleccionar una opción se deshabiliten las otras opciones mutuamente excluyentes con la misma.

- Aceptar cualquier formato es siempre preferible a exigir al usuario que utilice un formato dado (como por ejemplo en el caso de la cédula de identidad).

Cuando se produzcan errores, los criterios para su manejo son los siguientes:

- **Es importante mostrar los errores cuando se detectan**. El óptimo es al validar la pantalla que los contiene. En ningún caso se debe dejar avanzar a un usuario con errores pendientes de corregir. Esto excluye dejar avanzar en el formulario con campos en blanco, algo que en muchos formularios no solo es razonable, sino recomendable.
- **Algunos errores deben ser validados en el momento de completar el campo**. En algunos casos, el óptimo es validar el campo en el momento en que se completa. Esto es así cuando la probabilidad de error es muy alta, como por ejemplo para determinar si un nuevo nombre de usuario ya está en la base de datos.
- **Es malo mostrar errores uno por uno**. Interrumpir permanentemente con mensajes de error es molesto y corta el flujo del formulario. La mayoría de los errores debe chequearse al validar la pantalla y sólo los de muy alta probabilidad deben chequearse en el momento en que se completa el campo.
- **Los errores deben mostrarse junto al campo donde ocurrieron**. Cuanto más cerca está el mensaje de error del campo donde ocurrió, mejor.

  Es necesario tomar en cuenta al implementar esta recomendación que al mostrar un mensaje de error, éste debe ubicarse siempre en la parte visible de la pantalla, sin necesidad de que el usuario realice ninguna acción adicional para verlo (por ejemplo, que tenga que recurrir al scroll del navegador).

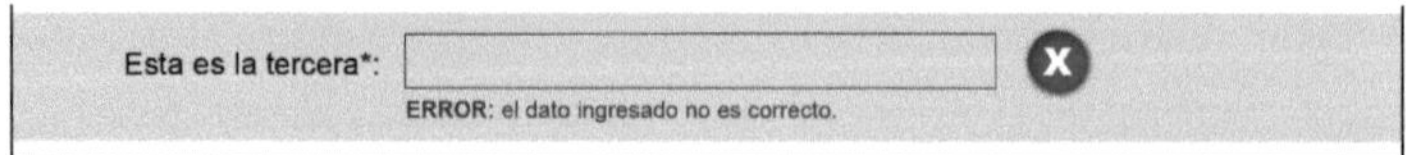

(reemplace el gris de la imagen por ROJO, sinónimo de error)

- **Cuando se muestra más de un mensaje de error**, es necesario incluir en el tope del formulario -debajo del título del paso y antes del primer grupo- un cuadro de resumen que contenga todos los errores. Si este es el caso, aquí debe estar el foco, por lo que este mensaje debe quedar visible sin que el usuario realice ninguna acción.
- **El rojo indica error.** Los mensajes de error se escriben en rojo y este color no debe ser utilizado para ninguna otra función dentro de los formularios. Los campos con error deben indicarse visualmente de forma contundente. Los bordes rojos, fondos de tonalidades del rojo e íconos rojos son una ayuda de mucho valor en esta tarea.
- **No es recomendable utilizar Pop Ups** para comunicar errores, ya que no es posible establecer un vínculo visual entre el campo de error, el mensaje de error y las recomendaciones. Sumado a eso, habitualmente para corregir el error hay que cerrar el pop up, por lo que la información del error y la posible ayuda desaparecen.

Mensajes al usuario

En muchos casos es necesario comunicar al usuario información, por ejemplo la confirmación del resultado de una acción o decisión tomada.

Los criterios para estos mensajes son exactamente los mismos que para los mensajes de error, con la única diferencia que utilizan la gama cromática definida para los formularios según el sitio y jamás están en rojo.

Recomendaciones particulares para elaborar buenos formularios

Las recomendaciones que siguen tienen como base el trabajo de la profesional en Usabilidad española Olga Carreras, recogido en el artículo "Formularios Usables: 60 directrices de Usabilidad"[50], que contiene además una excelente reseña bibliográfica al respecto.

Genéricos

- Pida sólo la información absolutamente necesaria.
- Siempre que sea posible, infiera información a partir de otra disponible.

  Por ejemplo, del Código Postal se puede inferir la ciudad y el departamento.
- Reutilice los campos cuando sea posible.
- Jamás pida la información dos veces.

  Por ejemplo, si el usuario ha rellenado la dirección de facturación, no le obligue a volver a llenar la dirección de envío si no es necesario, puede completar el campo con el valor default y permitir que lo modifique si es distinto, o agregar un botón "Igual que en facturación" para suprimir con un click la necesidad de ingresar todos los datos dos veces.
- Nunca pida al usuario que decida entre opciones que no comprende.

  Por ejemplo, incluir un combo para decidir qué versión de protocolo utilizar en las comunicaciones, cuando los usuarios no

50 Formularios usables: 60 directrices de Usabilidad – Olga Carreras – http://olgacarreras.blogspot.com/2007/02/formularios-usables-60-directrices-de.html.

son técnicos. O elije uno y elimina la opción, o rediseña el formulario incluyendo las consecuencias de la elección (este es más seguro, este otro es más rápido, el tercero produce menos errores, etc.).

Textos

- Proporcione un título al formulario que exprese claramente su función.
- Si necesita instrucciones, que sean breves y comprensibles.
- Utilice una nomenclatura clara y familiar, sin tecnicismos ni extranjerismos.
- Sea consistente en el uso de los términos. Es decir, use siempre las mismas palabras para los mismos conceptos.
- No utilice preguntas complejas ni haga pensar al usuario.
- Redacte siempre las opciones de forma afirmativa.

  Por ejemplo, junto a un check box escriba "Deseo recibir el boletín" en vez de "No deseo recibir el boletín".
- Redacte las opciones de modo consistente.

  Por ejemplo, en todas las opciones 1 es mejor y 10 es peor, nunca mezclado.

Organización

- Organice los campos en una sola columna de datos.

  Como siempre, hay muchos contextos de uso y excepciones justificables, como los formularios que se rellenan de forma repetitiva y constante, pero la excepción nunca puede convertirse en norma.

- Organice los campos en grupos lógicos, utilizando para ello una pequeña cantidad de elementos visuales (evitando así ruido visual).
- Agrupe, si es posible, los campos obligatorios al comienzo del formulario.
- Evite fragmentar la petición de información.

  Por ejemplo, no pida por separado la calle, el número, el apartamento, etc. si no es estrictamente necesario.
- Proporcione un diseño ordenado, alineando verticalmente todas las etiquetas y todos los campos entre sí.
- Si se utilizan radio buttons o check boxes agrupe visualmente de forma clara y unívoca los distintos grupos de opciones.
- Sitúe las respuestas de los campos radio buttons y check boxes después de los mismos.

  De esta manera se favorece la alineación vertical de todos los controles.
- Utilice etiquetas estándar para agrupar campos y hacer más manejable la información (OPTGROUP, FIELDSET).
- Distinga visualmente los campos deshabilitados siguiendo las normas de facto (poniéndolos en gris claro).

Tipos de campos

- Evite los campos de texto más angostos que el largo máximo permitido.
- Homogeneice los anchos de los campos de texto cuando éstos sean similares (evitando así ruido visual).
- Dote a los campos de texto de flexibilidad para que admitan los datos en cualquier formato.

Por ejemplo, un campo para introducir el número teléfono debería admitir paréntesis, guiones, espacios; un campo para introducir importes debería admitir decimales con punto o con coma, etc.

- Evite el uso de combos.
- Evite que los combos recarguen la página para rellenar otros campos, pero cuando así sea, asegúrese de que el formulario conserva el mismo estado que tenía antes de recargar la página: con los mismos campos visibles o activos, con todos los campos rellenos con los mismos datos que antes de la recarga y con el cursor en el campo en el que estaba.
- Si se utilizan combos o radio buttons seleccione siempre una opción por defecto, asegurándose de que sea la más probable, como por ejemplo Uruguay en el caso del país si el formulario es uruguayo. Evalúe siempre en estos casos si es necesario incluir una opción "Otro" o "Ninguna".
- Siempre es preferible utilizar radio buttons en vez de combos.
- Si se utilizan radio buttons asegúrese de que todas las opciones son mutuamente excluyentes.
- Si un radio button tiene más de dos respuestas, colóquelas en vertical, unas debajo de otras alineadas a la izquierda.
- Evite incluir opciones sin sentido, como las largas listas de idiomas o países tomadas de otro sitio, sin más análisis. En caso de que haya una lista larga de opciones válidas, pero de muy baja probabilidad, sepárelas de las pocas opciones altamente probables y coloque éstas al principio.
- Si se utiliza un check box para presentar una única opción que no es obligatoria (recibir publicidad, aceptar unas cláusulas) no la marque por defecto.

Funcionamiento

- Valore la posibilidad de evitar, mediante Java Script, que en determinados campos se puedan introducir determinados caracteres.

  Por ejemplo, que en el campo Cédula sólo se puedan introducir números, guiones y puntos, haciendo que el resto de caracteres no se pueda teclear en el campo.
- No implemente saltos automáticos del foco del formulario. Deje que sea el usuario quien indica que completó un campo al pasar al siguiente con el tabulador o con el puntero del mouse.
- Asegúrese de que la tecla "Intro" realiza la acción principal.
- Evite, mediante Java Script u otra técnica, que el usuario pueda impacientarse y enviar dos veces el formulario por error.
- Al implementar la validación de los formularios (o al limitar el tamaño de los campos) piense si su formulario puede ser utilizado por usuarios de otros países.

  Por ejemplo, el Documento de Identidad o el teléfono no tienen la misma longitud en unos países que en otros.

Ayudas

- Identifique claramente los campos obligatorios y los opcionales.
- Incluya ayudas breves o ejemplos junto a los campos, pero sólo cuando sea realmente necesario para saber cómo ingresar un dato.
- No incluya en la ayuda el texto de la etiqueta del campo. La ayuda debe agregar información, no repetirla.

Botones

- Siempre es mejor que haya una única acción primaria.
- No incluya un botón "Reset" (es decir, de Limpiar o Borrar el formulario), salvo que sea absolutamente necesario, como cuando el formulario es capaz de retener los datos de una sesión a la siguiente, y en este caso debe quedar claro que es una acción secundaria.
- Distinga entre la acción primaria y las secundarias (volver, imprimir etc.) de su formulario.
- Evite las acciones secundarias, pero si ha de incluirlas, distíngalas de forma inequívoca, destacando visualmente la primaria. Por ejemplo, poniendo la acción primaria como botón y las secundarias como enlaces.
- Coloque los botones o enlaces que realizan las acciones primarias (por ejemplo el botón "Enviar") lo más cerca posible del último campo del formulario y más sobre la derecha que sobre la izquierda.
- Utilice un nombre adecuado para los botones del formulario, relacionado con su acción y no de carácter general. Por ejemplo, use "Enviar" en vez de un genérico "Aceptar".

Errores

- Cuando se produzca un error al rellenar el formulario, proporcione en la parte superior del mismo (con suficiente contraste) un listado de los errores. Por cada error indique qué campo lo ha provocado, por qué motivo, cómo solucionarlo.
- Destaque de una forma muy notoria los campos que han dado error, utilizando color rojo. Repita el mensaje de error al lado del campo para no tener que volver a la lista inicial para saber

qué equivocación lo provocó, precedido de la palabra "Error" en negrita y en rojo.

- Cuando se produzca un error, el formulario no debe resetearse, es decir, todos los campos (erróneos o no) deben seguir manteniendo la información en ellos introducida por el usuario.
- Redactar claramente los mensajes de error mediante términos claros, sencillos y no técnicos. No utilizar mensajes genéricos del tipo "No se ha podido enviar el formulario".
- Si fuera posible, incluir en el mensaje de error posibles soluciones o alternativas para corregir la situación errónea.

Feedback

- En cada paso incluya brevemente información de los pasos anteriores ingresada por el usuario. La información que él ingresó le resultará más familiar que los textos definidos a la hora de crear el formulario.
- Cuando el usuario envíe el formulario, infórmele del resultado de su acción: indíquele si se ha realizado correctamente, qué datos se han enviado, cómo puede ponerse en contacto con los responsables del sitio si ha habido problemas o para hacer un seguimiento del mismo, o cómo puede modificar los datos enviados.
- Si el proceso de envío es lento, incluya en la página un mensaje de "enviando datos" y si fuera posible un indicador de avance. Cuando los datos efectivamente fueron enviados, cambie la página por la de confirmación o si el tiempo es muy extenso, envíe un email de confirmación.

Respuesta

- Informe a los usuarios por qué deben rellenar el formulario, cuándo y a través de qué medio recibirán una respuesta.
- Si es un formulario de contacto envíe un email automático confirmando que se ha recibido.
- Si es un formulario de contacto, asegúrese de que existan los mecanismos necesarios para responder de forma rápida y adecuada al mismo.

Accesibilidad

- Asocie explícitamente las etiquetas con sus controles mediante LABEL y su atributo "for".
- Compruebe que el tabulador permite acceder a todos los campos en el mismo orden que el visual.
- Mejore la experiencia del usuario mediante Java Script y AJAX pero asegúrese de que el formulario funcione correctamente sin ellos.
- No establezca un límite de tiempo demasiado pequeño (timeout de sesión, por ejemplo) para completar el formulario.

Formularios extensos

- Si los formularios son muy extensos, la solución no son las columnas sino la división en páginas bien rotuladas que indiquen al usuario en qué paso está del proceso (por ejemplo Paso 3 de 4).
- Si el formulario se presenta en varias páginas hay que seguir la consigna "1 tema = 1 página".

- El usuario debe poder volver a los pasos anteriores. Siempre que sea viable, debe poder modificar libremente los datos ingresados.
- No solicite información externa en medio del proceso mediante la apertura de una ventana nueva del navegador.
- Evite la utilización de pestañas para crear formularios de varias páginas.

CAPÍTULO 7

“Cuando el dedo del sabio señala la luna,
los imbéciles se quedan mirando al dedo”

Proverbio chino

El tiempo de descarga

La mejora en la Usabilidad de un sitio aumenta el tráfico. No solo es razonable, se cumple en la práctica. Muchos gerentes y administradores de sitios se devanan los sesos pensando cómo aumentar el tráfico, e intentan con una y otra estrategia, cuando en realidad tienen la respuesta delante de sus narices: hagan el sitio más fácil de usar y tendrán más visitantes.

Para ello puede aplicar todas y cada una de las metodologías y estrategias expuestas en los capítulos anteriores, pero si por algún motivo no tiene la forma de hacerlo (inclusive si no quiere hacerlo) acá va la receta mágica: **La mejora en el tiempo de descarga mejora la Usabilidad y aumenta el tráfico**.

La mejora en la Usabilidad de un sitio aumenta el tráfico. No solo es razonable, se cumple en la práctica. Muchos gerentes y administradores de sitios se devanan los sesos pensando cómo aumentar el tráfico, e intentan con una y otra estrategia, cuando en realidad tienen la respuesta delante de sus narices: hagan el sitio más fácil de usar y tendrán más visitantes.

Tiempo de respuesta y productividad

El estudio del impacto del tiempo de respuesta de los sistemas en la productividad es casi tan antiguo como los propios sistemas. Una piedra angular en la evolución de estos estudios lo representó el trabajo del investigador de IBM Robert B. Miller[51] en 1968.

Miller intentó resumir los trabajos de la psicología cognoscitiva hasta la fecha generando una lista de situaciones de interacción hombre-computadora y los tiempos de respuesta deseables en cada caso. Probablemente el aporte fundamental sea la idea de que **cuando los tiempos de respuesta del sistema ca-**

51 Response time in man-computer conversational transactions - AFIPS Conference Proceedings. 1968. http://theixdlibrary.com/pdf/Miller1968.pdf

en más allá de un límite, la interacción fluida desaparece y la eficiencia decae significativamente. Miller propone **2 segundos** como este límite de tiempo en sistemas interactivos.

Casi 15 años después, en 1982, Walter J. Doherty y Ahrvind J. Thadani[52], también investigadores de IBM como Miller, dan un paso más probando que el tiempo de respuesta del usuario disminuye en la medida en que disminuye el tiempo de respuesta del sistema. Vale la pena entender esta idea en detalle.

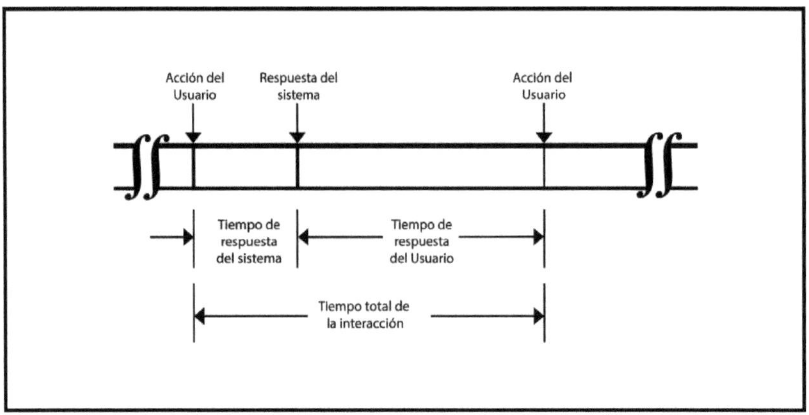

El esquema muestra un ciclo de interacción que comienza con la acción del usuario. La extensión del ciclo es la suma del tiempo de respuesta del sistema y el tiempo de respuesta del usuario.

En un sistema interactivo, como la Web, podemos concebir la interacción hombre-computadora como una sucesión de **ciclos de interacción**. Un ciclo de interacción se compone de tres elementos:

52 The economic Value of Rapid Response Time - Walter J. Doherty y Ahrvind J. Thadani - 1982. http://www.vm.ibm.com/devpages/jelliott/evrrt.html

- **Acción del usuario**: un click, una tecla presionada u otro elemento de interfaz accionado impone una tarea al sistema.
- **Tiempo de respuesta del sistema**: el tiempo que demora el sistema en procesar la acción del usuario y emitir la respuesta.
- **Tiempo de respuesta del usuario**: el tiempo que demora el usuario en procesar la respuesta del sistema y realizar una nueva acción que da inicio al siguiente ciclo.

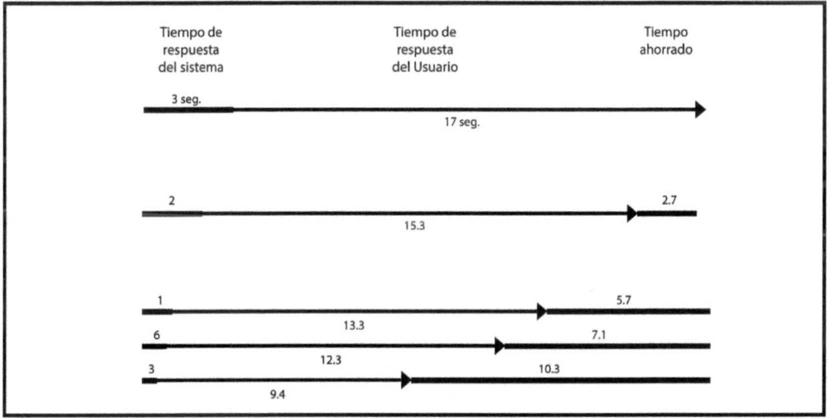

Para la misma tarea y en las mismas condiciones, a medida que el tiempo de respuesta del sistema cae, el tiempo de respuesta del usuario también cae.

En el momento del trabajo, estaba asumido que el tiempo de respuesta del usuario era constante, independientemente del tiempo de respuesta del sistema. En base a esta idea, la mejora en el tiempo de respuesta acorta el tiempo de cada ciclo de interacción, pero no tiene efecto sobre el usuario, por lo que en términos de nuestro análisis podemos decir que mejora la eficiencia, pero no la Usabilidad. Doherty y Thadani en base a una recopilación de trabajos, dan por tierra esta idea.

El extenso trabajo de campo realizado muestra que el tiempo de respuesta del usuario también cae cuando baja el tiempo de respuesta del sistema. Las causas de esta mejora tienen que ver con la atención y la memoria de corto plazo. La consecuencia es impactante: **las mismas respuestas entregadas más rápido por el sistema hacen que el usuario sea más productivo**. El tiempo de respuesta paga.

Las mismas respuestas entregadas más rápido por el sistema hacen que el usuario sea más productivo. El tiempo de respuesta paga.

Google y el tiempo de respuesta

Si hay una empresa que tiene meridianamente claro que el tiempo de respuesta es determinante en la facilidad de uso y el tráfico que tienen sus sitios Web, es Google.

No es de los temas más notorios, no es de los que se analizan habitualmente en la prensa, ni siquiera la especializada. Sin embargo, Google trabaja de forma obsesiva e incansable en responder muy, pero muy rápido.

Para evaluar los tiempos de respuesta de Google utilizaremos de una herramienta informática muy sencilla: PING. Este programa envía un pequeño paquete de datos de una computadora a otra (habitualmente 32 bytes en Windows) y espera que el paquete retorne. De esta forma se verifica que la conexión esté funcionando correctamente en ambas direcciones y se obtiene el tiempo que tardaron los datos en ir y volver. No es un indicador de cuánto va a demorar un sitio en cargar, ya que esto en general involucra operaciones más complejas y volúmenes de información mucho más importantes, pero nos permite comparar rápidamente la respuesta de distintos sitios, dado que las condiciones en las que se ejecuta un PING son las mismas para todos.[53]

Para tener un punto de comparación, este es el resultado del PING desde la máquina en la que estoy escribiendo al router WIFI, es decir, cuánto demora un paquetito en viajar por el aire unos metros.

```
C:\Users\Daniel>ping 192.168.5.8

Haciendo ping a 192.168.5.8 con 32 bytes de datos:
Respuesta desde 192.168.5.8: bytes=32 tiempo=6ms TTL=64
Respuesta desde 192.168.5.8: bytes=32 tiempo=2ms TTL=64
Respuesta desde 192.168.5.8: bytes=32 tiempo=3ms TTL=64
Respuesta desde 192.168.5.8: bytes=32 tiempo=2ms TTL=64

Tiempos aproximados de ida y vuelta en milisegundos:
 Mínimo = 2ms, Máximo = 6ms, Media = 3ms
```

Los datos demoran una media de tres milisegundos en ir y venir unos metros por el aire. ¿Cómo se comportan los sitios de primera línea? Veamos los datos para Bing y Yahoo!.

```
C:\Users\Daniel>ping www.bing.com

Haciendo ping a a134.b.akamai.net [64.212.44.19] con 32 bytes
de datos:
Respuesta desde 64.212.44.19: bytes=32 tiempo=249ms TTL=55
Respuesta desde 64.212.44.19: bytes=32 tiempo=271ms TTL=55
Respuesta desde 64.212.44.19: bytes=32 tiempo=293ms TTL=55
Respuesta desde 64.212.44.19: bytes=32 tiempo=417ms TTL=55

Tiempos aproximados de ida y vuelta en milisegundos:
 Mínimo = 249ms, Máximo = 417ms, Media = 307ms
```

53 Entiendo claramente que se trata de una generalización, y que inclusive en un inofensivo PING hay numerosos factores adicionales a considerar, pero a los efectos de nuestro análisis, desde el punto de vista del impacto en la Usabilidad, el nivel de detalle me parece adecuado. Pido disculpas por adelantado a los puristas.

```
C:\>ping www.yahoo.com

Haciendo ping a any-fp.wa1.b.yahoo.com [67.195.160.76] con 32
bytes de datos:
Respuesta desde 67.195.160.76: bytes=32 tiempo=185ms TTL=51
Respuesta desde 67.195.160.76: bytes=32 tiempo=207ms TTL=51
Respuesta desde 67.195.160.76: bytes=32 tiempo=184ms TTL=51
Respuesta desde 67.195.160.76: bytes=32 tiempo=252ms TTL=51

Tiempos aproximados de ida y vuelta en milisegundos:
 Mínimo = 184ms, Máximo = 252ms, Media = 207ms
```

Doscientos o trescientos milisegundos: buena performance. Pero, y siempre hay un pero, ¿cómo responde Google?

```
C:\>ping www.google.com

Haciendo ping a www.l.google.com [200.40.0.83] con 32 bytes de
datos:
Respuesta desde 200.40.0.83: bytes=32 tiempo=15ms TTL=59
Respuesta desde 200.40.0.83: bytes=32 tiempo=18ms TTL=59
Respuesta desde 200.40.0.83: bytes=32 tiempo=17ms TTL=59
Respuesta desde 200.40.0.83: bytes=32 tiempo=16ms TTL=59

Tiempos aproximados de ida y vuelta en milisegundos:
 Mínimo = 15ms, Máximo = 18ms, Media = 16ms
```

¡16 milisegundos de promedio! ¡Menos de un décimo que sus competidores! La causa de semejante diferencia está a la vista para un ojo entrenado: tanto Bing como Yahoo! contestan desde direcciones IP de Estados Unidos, mientras que Google contesta desde Uruguay, más exactamente desde el Datacenter de ANTEL, el principal proveedor de acceso a Internet de Uruguay. Dado que estoy probando desde Uruguay, el tiempo de respuesta mejora de una forma significativa.

¿Se trata sólo de un conjunto de disquisiciones técnicas? No, de ninguna manera. Google sabe que **el tiempo de respuesta es definitivo en la experiencia de los usuarios** y por ello invierte en mejorarlo, llegando a países periféricos, con mercados muy pequeños, casi insignificantes a escala mundial como Uruguay. Tal vez sea casualidad, pero en Uruguay no solo la velocidad de Bing y Yahoo! es uno a diez con Google, también guarda esa relación la participación en el mercado de las búsquedas.

Entonces, ¿qué hace en los países centrales? Acá están los datos de un PING a Google en Nueva York:

```
C:\>ping www.google.com

Haciendo ping a www.l.google.com [66.249.80.104] con 32 bytes
de datos:
Respuesta desde 66.249.80.104: bytes=32 tiempo=3ms TTL=59
Respuesta desde 66.249.80.104: bytes=32 tiempo=3ms TTL=59
Respuesta desde 66.249.80.104: bytes=32 tiempo=3ms TTL=59
Respuesta desde 66.249.80.104: bytes=32 tiempo=3ms TTL=59

Tiempos aproximados de ida y vuelta en milisegundos:
 Mínimo = 3ms, Máximo = 3ms, Media = 3ms
```

Tres milisegundos. ¿Es necesario agregar algo más?

Tiempo de respuesta y atención

Como resumen de los datos e información sobre tiempos de respuesta, es posible fijar los parámetros que marcan las fronteras en la capacidad del usuario de interactuar con fluidez, con la máxima productividad y sin que el tiempo de respuesta erosione la satisfacción que obtiene al usar el sistema.

- **Hasta 0.1 segundos**: la percepción es de respuesta instantánea, el usuario no percibe demora alguna.

  Este es el nivel de respuesta exigible a toda la interacción que no involucra la descarga de una página: digitación en campos de texto, despliegue de combos, marcado de check boxes, etc. Cuidado con los script que enlentecen visiblemente el funcionamiento de la página una vez que cargó, en particular con las implementaciones pobres de AJAX.

- **Hasta 1 segundo**: se percibe una demora, pero no hay caída de la atención. El usuario mantiene el mismo nivel de concentración y productividad.

  Este debería ser el tiempo de carga de las páginas. Estamos muy lejos, y eso es malo. Lo bueno es que hasta no llegar a estos niveles, todo avance es muy significativo, por lo que el esfuerzo por mejorar el tiempo de carga de las páginas siempre tiene recompensa.

  Si en este tiempo no cargan las imágenes, por lo menos debería cargar el texto con el formato y la disposición final. Las páginas que quedan blancas hasta que no carga todo el contenido están estrictamente prohibidas.

- **Hasta 10 segundos**: la demora es significativa y se abren focos secundarios de atención. La concentración y la productividad se resienten, pero igual es posible un trabajo fluido.

  Esta es la realidad de Internet hoy, siempre y cuando el equipo de trabajo tenga un compromiso firme con el tiempo de carga de las páginas. Si está por encima de estos valores, concentre el 100% de sus recursos en el tiempo de descarga.

- **Hasta 1 minuto**: la demora hace muy difícil el trabajo fluido y es alta la probabilidad de que un foco de atención secundario se transforme en primario y la interacción se interrumpa.

  Hay situaciones en las que con la tecnología que disponemos es imposible evitar una página extra lenta: fotos en alta resolución, documentos en PDF y video, entre muchos otros, imponen penalizaciones severas. Si puede, transforme la página en una descarga, es un atajo pero funciona. Si no puede hacerlo, recuerde que un par de páginas seguidas con un minuto de tiempo de descarga son garantía de que el usuario abandonará la tarea.

- **Más de un minuto**: no es posible la interacción fluida.

Menos tiempo de respuesta = más fácil de usar

> Los sitios terminan siendo más lentos (mucho más lentos) de lo que podrían haber sido si se hubiera puesto foco en el tiempo de descarga.

Lo intenté de todos modos: con argumentaciones psico-cognitivas, técnicas y desde el punto de vista de la atención, pero la práctica me ha enseñado una y otra vez que no tengo el poder de convicción necesario. Los sitios terminan siendo más lentos (mucho más lentos) de lo que podrían haber sido si se hubiera puesto foco en el tiempo de descarga.

¿Es tan difícil entender que la mejora en el tiempo de descarga mejora la Usabilidad y aumenta el tráfico? Como ya no sé en qué idioma decirlo, acá tiene para elegir[54]:

> Bætt sækja tíma bætir notagildi og auka umferð
>
> De emendatione temporum in download meliores et auget ipsum dolor sit amet
>
> Zlepšení čas stahování zlepšuje použitelnost a zvyšuje provoz
>
> 下載時間的改進提高了可用性，並提高交通
>
> פאַרקער ינקריסאַז און וסאַביליטי ימפרוווז צײַט אָפלאָדירן אין פֿאַרבעסערונג די
>
> Η βελτίωση της λήψης βελτιώνει την χρηστικότητα και την αύξηση της κίνησης
>
> Այն բարելավում բեռնելու ժամանակ բարելավվի հարմարավետություն եւ ավելացնում երթեւեկության

54 Islandés, latín, checo, chino tradicional, yiddish, griego, armenio, creole, georgiano, serbio e hindi. Gracias a Google Translator.

Amelyorasyon nan nan tan download amelyore D 'ak ogmante trafik

გაუმჯობესება ჩამოტვირთვა დროს აუმჯობესებს გამოყენებადობა და ზრდის საგზაო

Побољшање у време преузимања побољшава употребљивост и повећава саобраћај

डाउनलोड समय में सुधार प्रयोज्य में सुधार और यातायात बढ़ता है

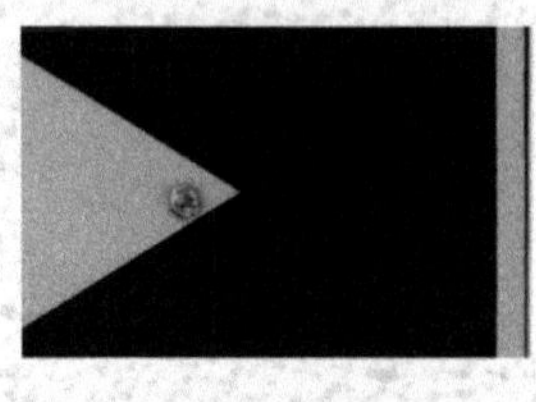

CAPÍTULO 8

"Retoque, no rediseñe"

Steve Krug[55]

A modo de epílogo

En el trabajo del día a día me pregunto por qué tantas veces no consigo convencer a nuestros clientes de que no cambien por cambiar, que solamente cambien para mejorar.

Las empresas dedican esfuerzos cuantiosos, discusiones interminables y reuniones agotadoras buscando cómo mejorar el retorno por su inversión en Internet. Invariablemente concluyen que es necesario un rediseño, un hito en el futuro en el que todo lo que existe será destruido y reemplazado por un sitio nuevo que los salvará de todos los males.

Tensan la organización, dedican ingentes recursos, rehacen decenas de veces los cronogramas, corren en varias oportunidades la puesta en producción, congelan todas las otras actividades hasta que salen al aire: y ahí está el nuevo sitio, con la principal ventaja de ser distinto, pero sin que nadie pueda decir si es mejor.

Es que un sitio Web siempre tiene un número de virtudes y otro de defectos. Si construyo desde cero, para llegar al mismo punto en el que estaba tengo que gastar esfuerzo en construir la misma cantidad de virtudes garantizando que no introduzco una cantidad mayor de defectos.

Mucho más seguro y rentable es **dejar exactamente como está lo virtuoso y poner el 100% de los recursos en corregir los defectos.** Ésta es precisamente la estrategia de los grandes éxitos de Internet.

Mucho más seguro y rentable es **dejar exactamente como está lo virtuoso y poner el 100% de los recursos en corregir los defectos**. Ésta es precisamente la estrategia de los grandes éxitos de Internet.

[55] Steve Krug es un referente en Usabilidad. Su libro "No me hagas pensar" es un clásico, no solo por su contenido sino porque el propio libro implementa todas sus recomendaciones.

¿Are you Sexy?

Creo que el problema es que la propuesta de trabajar en Usabilidad no es sexy. O mejor dicho **no parece sexy**. ¿Qué hay más sexy para el gerente de un sitio Web que la promesa de aumentar el tráfico de una forma segura y económica? Y lo contrario: ¿existe algo menos sexy que gastar todo lo que requiere un rediseño para llegar al final del camino a reconocer que cambiamos pero no mejoramos, porque el tráfico sigue igual, las ventas no aumentaron y sólo tenemos en el haber algunos mails con los elogios del día de la puesta al aire?

Pero hoy es el día en que se presenta al directorio la propuesta de rediseño. Toda la gráfica nuevecita reposa en una animación lista para atravesar el proyector y va a ser condimentada con promesas de un futuro excepcional. Eso genera una carga de endorfina y adrenalina difícil de igualar: ¡eso sí que es sexy!

Ese día nuestra propuesta no compite, es apenas un barquito a la deriva en el mar del aburrimiento, filmado en blanco y negro. Se ve pobre, paupérrima: "vamos a realizar los 237 cambios que incluye el análisis heurístico", "vamos a continuar aplicando la Guía de Estilo a los formularios que aún no la tienen". Es que la vida corporativa tiene también necesidad de espectacularidad, excitación y promesas. Hay que asumirlo.

> El camino está delante de sus narices, al alcance de la mano, pero no lo pueden ver, como el pez que no percibe el agua pegada a su ojo. Entonces adoptan el atajo psicodélico del rediseño, que los deposita directamente en el universo decadente de los sitos que cambian por cambiar

Sin embargo la realidad es obstinada, endemoniadamente obstinada. Corregir uno a uno los problemas de un análisis heurístico aplicando las recomendaciones que incluye el propio heurístico es barato y sencillo. Una alternativa baja en colesterol, que no contiene grasas trans y pornográficamente rentable.

Lo mismo es válido para la Guía de

Estilo: tomar cada página comenzando por los formularios y aplicarles pacientemente las recomendaciones de la Guía, mejora significativamente todos los indicadores y no tiene ni contraindicaciones ni efectos secundarios. Alinear correctamente los campos, pulir las etiquetas, organizar las acciones, mejorar las instrucciones, formulario a formulario con meticulosidad, cuidando los detalles, testeando y volviendo a pulir, es un pasaje seguro a la recompensa. Jugar y cobrar.

El camino está delante de sus narices, al alcance de la mano, pero no lo pueden ver, como el pez que no percibe el agua pegada a su ojo. Entonces adoptan el atajo psicodélico del rediseño, que los deposita directamente en el universo decadente de los sitos que cambian por cambiar, cuando tienen suerte y no despiertan de pronto en el mundo de los muertos vivientes, en el que habitan los sitios que cambian para empeorar.

Nuestra misión, la misión de los profesionales de Usabilidad, es trabajar incansablemente para que nuestros clientes se integren al selecto grupo de los sitios que cambian para mejorar.

Montevideo, 8 de noviembre de 2012
Día mundial de la Usabilidad

Printed by Books on Demand GmbH, Norderstedt / Germany